Blattformen von geteilten Blättern

dreilappig

handförmig
gelappt

fiederlappig,
gebuchtet

leierförmig

handförmig
geteilt

dreispaltig

handförmig
gespalten

fiederspaltig

fiederteilig

Blattformen von zusammengesetzten Blättern

dreizählig

vielzählig,
gefingert

paarig
gefiedert

unpaarig
gefiedert

unterbrochen
gefiedert

doppelt
(mehrfach)
gefiedert

Bau des Blattes

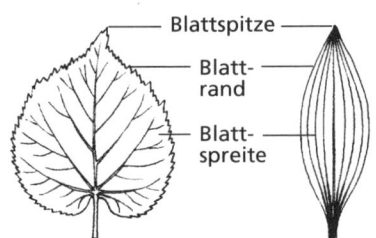

Blattspitze

Blatt-
rand

Blatt-
spreite

netznervig,
netzadrig

parallelnervig,
paralleladrig

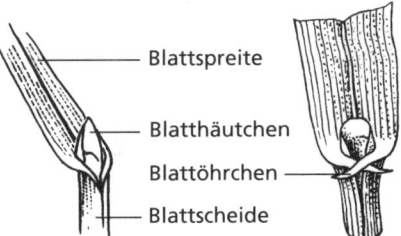

Blattspreite

Blatthäutchen

Blattöhrchen

Blattscheide

Formen des Blattrandes

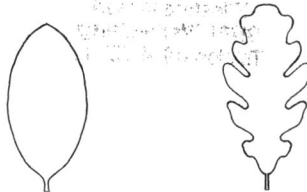

ganzrandig

gebuchtet
(Zähnchen
außen rund,
innen gerun-
dete Buchten)

gesägt
(Zähnchen
außen und
innen spitz)

doppelt gesägt

gezähnt
(Zähnchen
außen spitz,
innen rund)

grob
gezähnt,
gelappt

gekerbt
(Zähnchen
außen rund,
innen spitz)

schrotsägeförmig
(Zähnchen groß,
feingesägt und
rückwärtsgerichtet)

Teile einer Blüte

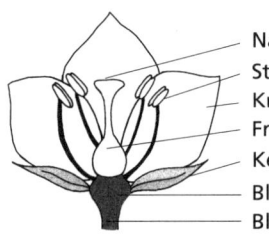

Narbe
Staubblätter
Kronblätter
Fruchtknoten
Kelchblätter
Blütenboden
Blütenstiel

Deckspelze
Vorspelze
Narbe
Fruchtknoten
Hüllspelze
Staubblätter

Blütenformen

strahlige (symme-
trische) Blüte

zweiseitig-symmetrische
Blüten

1. Zur Arbeit mit diesem Buch

In vielfältiger Form ist das Leben der Schüler mit den Pflanzen verbunden. Pflanzliche Produkte gehören zu den Grundnahrungsmitteln. Pflanzen liefern Rohstoffe für verschiedene Industriezweige, Pflanzen bestimmen die Lebensgemeinschaften und Ökosysteme, die uns umgeben, sowohl den Wald, die Wiese, das Feld als auch die Grünanlagen in der Stadt, die Grünpflanzen in Klassenräumen und Wohnungen.
Eigenes Erleben beim Bestimmen bereitet Freude. Je mehr Pflanzen von den Schülern bestimmt werden, um so besser lernen sie ihre Umwelt kennen. **Pflanzen zu beobachten und zu bestimmen bedeutet ein Eindringen in die Geheimnisse der Pflanzenwelt. Dieses Buch soll helfen, die Schüler unter Anleitung des Lehrers in das Bestimmen von Pflanzen einzuführen, sie zum Bestimmen weiterer Pflanzen anzuregen und mit ihnen die wichtigen biologischen Verfahren „Bestimmen von Organismen" und „Erkennen am Erscheinungsbild" an konkreten Objekten zu üben.**
Dieses Buch ist **vielfältig im Unterricht einsetzbar.**
– Es ist ein **notwendiges Unterrichtsmittel,** um die Schüler der Klassen 5 bis 7 in das „Bestimmen von Pflanzen" und das „Erkennen von Pflanzen am Erscheinungsbild" einzuführen. Damit dient es der Realisierung grundlegender Rahmenplanforderungen.
– Es ermöglicht **Bestimmungsübungen bei der Behandlung ausgewählter Lebensgemeinschaften und Ökosysteme** im Biologieunterricht der verschiedenen Klassenstufen.
– Es kann von den Schülern sowohl **zur Wissensaneignung in bezug auf Sippenkenntnisse** als auch zur **Festigung und Wiederholung von Kenntnissen über Erscheinungsbilder von Pflanzen,** über charakteristische Merkmale genutzt werden.
Im **Kapitel 2** sind **Bestimmungsschlüssel für Pflanzenfamilien** enthalten, die entsprechend den Rahmenplänen der Bundesländer **Gegenstand des Biologieunterrichts** sind. Hier finden Lehrer und Schüler **dichotome Bestimmungsschlüssel,** die auch für Schüler der unteren Klassen verständlich gestaltet wurden. Für jede Organismengruppe wurden **einfache, kurze Schlüssel zur Einführung in das Bestimmen** und **zum Üben** aufgenommen. Diese werden bei den Samenpflanzen durch umfangreichere Schlüssel ergänzt, so daß der Lehrer auch **differenziert** mit den Schülern arbeiten kann.
Die im **Bildteil** enthaltenen **Fotos** einiger ausgewählter Pflanzen können zur Bestätigung des Bestimmungsergebnisses genutzt werden.
Die ausgewählten Lebensgemeinschaften/Ökosysteme sind ebenfalls **Unterrichtsgegenstand** der verschiedenen Klassenstufen.
Im **Kapitel 3** wird durch Fotos und Skizzen sowie durch die Beschreibung charakteristischer Merkmale das **Erkennen der dargestellten Moose, Farne, Schachtelhalme und Flechten am Erscheinungsbild** ermöglicht.
Didaktisch-methodisch sollte **dieses Buch unter Anleitung des Lehrers eingesetzt werden, da nur von ausgewählten Pflanzen und Lebensgemeinschaften/Ökosyste-**

men auch nur ausgewählte Gattungen und Arten bestimmt werden können / ab S. 4). Es erfolgte also eine **doppelte Auswahl,** so daß mit diesem Buch **nicht die Gesamtheit der Pflanzen** bestimmt werden kann. Daher sollte **der Lehrer** vorher **die Gattungen bzw. Arten auswählen und festlegen,** die die Schüler bestimmen sollen. Die **Bestimmung erfolgt nach dichotomen Schlüsseln.** Das bedeutet, daß die Schüler von 2 sich gegenüberstehenden Merkmalen (1 und 1*, 2 und 2* usw., linke Seite im Buch) das jeweils zutreffende Merkmal herausfinden müssen. Die Ziffern hinter den zutreffenden Merkmalen (Mitte des Buches) führen zu dem Merkmalspaar, bei dem die Bestimmung fortzusetzen ist. Erscheint unter den zutreffenden Merkmalen ein Gattungs- oder Artname, ist diese Pflanze bestimmt. Auf den **Innendeckeln des Buches** (vorne, hinten) sowie auf der **Einführungsseite zu den Familien** sind die in den Schlüsseln geforderten **Merkmale zum Bestimmen** in übersichtlicher Form dargestellt. **Mit diesem Buch können folgende Pflanzengattungen bzw. -arten bestimmt werden** (**naturgeschützte Pflanzen** und wenige **Giftpflanzen** wurden extra gekennzeichnet):

Familie Doldengewächse (S. 7):

Bärwurz, Dill, Hasenohr, Kälberkropf (Rauhhaariger K., Aromatischer K., Taumel-K., Gold-K., Rüben-K.), Kerbel, Mannstreu, Pimpinelle, Sanikel, Sterndolde, Wiesen-Bärenklau, Wilde Möhre

Familie Echte Gräser (Süßgr., S. 13):

Ährengräser: Quecke, Roggen, Sommer-Gerste, Strandroggen, Wald-Haargerste, Weidelgras, Weizen, Zwenke (Wald-Z., Fieder-Z.)
Ährenrispengräser: Fuchsschwanz, Kammgras, Lieschgras, Ruchgras, Strandhafer, Wimper-Perlgras
Rispengräser: Gemeines Schilfrohr, Hafer, Honiggras, Knäuelgras, Liegender Dreizahn, Perlgras (Nickendes P., Einblütiges P.), Rispengras, Schlängel-S., (Rasen-S.), Schwingel, Trespe, Zittergras
Getreidearten: Gerste, Hafer, Roggen, Weizen,

Familie Hahnenfußgewächse (S. 21):

Akelei, Hahnenfuß, Kuhschelle, Leberblümchen, Rittersporn (Hoher R., Feld-R.), Scharbockskraut, Sumpf-Dotterblume, Windröschen (Busch-W., Gelbes W.), Winterling

Familie Kieferngewächse (S. 25):

Douglasie, Europäische Lärche, Fichte (Blau-F., Gemeine F.), Kiefer (Weymouths-K., Gemeine K., Schwarz-K.), Tanne (Weiß-T., Nordmann-T., Grau-T.)

Familie Korbblütengewächse (S. 29):

Nur mit Zungenblüten: Bocksbart (Wiesen-B.), Gänsedistel, Habichtskraut, Kuhblume, Löwenzahn, Mauerlattich, Milchlattich (Alpen-M.), Wegwarte (Gemeine W.)
Nur mit Röhrenblüten: Beifuß (Gemeiner B.), Distel, Flockenblume, Greiskraut, Kamille (Strahlenlose K.), Klette, Kratzdistel, Pestwurz, Rainfarn, Strohblume (Sand-St.), Zweizahn
Mit Röhren- und Zungenblüten: Arnika, Gänseblümchen, Greiskraut, Huflattich, Hundskamillie (Färber-H.), Kamille, Knopfkraut,. Margerite (Wiesen-M.), Pestwurz, Schafgarbe, Wucherblume (Saat-W.), Zweizahn

Familie Kreuzblütengewächse (S. 39):

Acker-Hellerkraut, Acker-Senf, Bauernsenf, Blaukissen, Goldlack, Hederich, Hirtentäschel, Hungerblümchen, Kresse,

Meersenf, Nachtviole, Schaumkraut (Wiesen-S., Bitteres S., Spring-S., Sumpfkresse, Viermänniges S., Wald-S.), Zahnwurz

Familie Liliengewächse (S. 45):

Blaustern, Gemeiner Spargel, Goldstern, Graslilie, Lauch, Lilie (Feuer-L.), Maiglöckchen, Milchstern, Traubenhyazinthe, Tulpe, Weißwurz (Vielblütige W., Quirl-W., Duftende W.), Zweiblättrige Schattenblume

Familie Lippenblütengewächse (S. 49):

Braunelle, Gundermann, Günsel (Heide-G., Kriech-G.), Hohlzahn, Salbei (Echter S., Wiesen-S.), Taubnessel (Weiße T., Gefleckte T., Stengelumfassende T., Purpurrote T., Eingeschnittene T., Goldnessel), Thymian,

Familie Rosengewächse (S. 54):

Blutauge, Erdbeere, Fingerkraut (Frühlings-F., Gänse-F., Kriechendes F., Silber-F., Blutwurz), Frauenmantel, Geißbart (Wald-G.), Mädesüß, Nelkenwurz (Bach-N., Echte N.), Rose, Wiesenknopf (Großer W., Kleiner W.)
Obstbäume: Apfel, Aprikose, Birne, Kirsche, Pfirsich, Pflaume, Quitte, Schlehe

Familie Schmetterlingsblütengewächse (S. 61):

Besenginster, Erbse, Erbsenstrauch, Gemeiner Wundklee, Hornklee, Klee, Lupine (Gelbe L., Vielblättrige L.), Luzerne, Platterbse, Serradella, Steinklee, Weiße Robinie

Ausgewählte Moose (S. 65):

Breitblättriges Sternmoos, Brunnenlebermoos, Drehmoos, Großes Haarmützenmoos, Muschellebermoos, Sumpf-Torfmoos, Weißmoos, Welliges Katharinenmoos

Ausgewählte Farne (S. 69):

Adlerfarn, Braunstieliger Streifenfarn, Breitblättriger Dornfarn, Gemeiner Frauenfarn, Gemeiner Tüpfelfarn, Gemeiner Wurmfarn, Hirschzunge, Königs-Rispenfarn, Mauerraute, Natternzunge

Ausgewählte Schachtelhalme (S. 74):

Acker-Schachtelhalm, Teich-Schachtelhalm, Wald-Schachtelhalm, Wiesen-Schachtelhalm

Ausgewählte Flechten (S. 76):

Einseitswendige Rentierflechte, Gelbflechte, Islandflechte ("Isländisches Moos"), Kuchenflechte, Landkartenflechte, Wand- Pflaumenflechte

Ausgewählte Sträucher und Bäume (S. 81):

Bäume: Ahorn (Berg-A., Spitz-A., Feld-A., Eschen-A.), Birke, Eberesche, Eiche (Trauben-E., Stiel-E.), Esche, Linde, Robinie, Roßkastanie, Rot-Buche, Schwarz-Pappel, Weide
Sträucher: Berberitzte, Blutroter Hartriegel, Efeu, Flieder, Gemeine Waldrebe, Hasel, Himbeere, Holunder (Schwarzer H., Roter H.), Hopfen, Kratzbeere, Liguster, Mahonie, Schlehe, Silberregen, Stechpalme, Weißdorn, Zaunrebe (Dreilappige Z., Fünfblättrige Z.)
Bäume im Winterzustand: Ahorn (Feld-A., Spitz-A.), Birke, Eberesche, Eiche (Stiel-E., Trauben-E.), Esche, Faulbaum, Linde (Sommer-L., Winter-L.), Roßkastanie, Rot-Buche, Schwarz-Erle, Schwarz-Pappel, Späte Traubenkirsche, Weiden
Sträucher im Winterzustand: Blutroter Hartriegel, Efeu, Flieder, Forsythia, Fünf-

blättrige Zaunrebe, Gemeine Waldrebe, Hasel, Hopfen, Liguster, Schlehe, Schwarzer Holunder, Spierstrauch, Weißdorn

Pflanzen am Feldrand (S. 96):

Acker-Minze, Ackerröte, Acker-Schachtelhalm, Acker-Schöterich, Acker-Spark, Borstenhirse, Breit-Wegerich, Ehrenpreis, Einjähriges Bingelkraut, Einjähriges Rispengras, Ferkelkraut, Fingerhirse, Gauchheil, Gemeine Kuhblume, Gemeiner Windhalm, Hohlzahn, Hornkraut, Huflattich, Hühnerhirse, Kleine Brennessel, Kletten-Labkraut, Knäuel, Knopfkraut, Korn-Rade, Lämmersalat, Rapünzchen, Reiherschnabel, Storchschnabel, Sumpf-Ziest, Vogel-Sternmiere, Wege-Rauke, Weiße Lichtnelke

Pflanzen der Gewässerufer (S. 107):

Bach-Ehrenpreis, Bach-Nelkenwurz, Blutauge, Erle (Schwarz-E., Grau-E.), Faulbaum, Fieberklee, Froschlöffel, Gemeiner Beinwell, Gemeiner Blutweiderich, Gilbweiderich (Strauß-G., Gemeiner G.), Holunder (Schwarzer H., Berg-H.), Hopfen, Knoten-Braunwurz, Kriechender Hahnenfuß, Rauhhaariges Weidenröschen, Spitzes Pfeilkraut, Sumpf-Dotterblume, Sumpf-Vergißmeinnicht, Sumpf-Ziest, Wasser-Minze, Wasser-Schwertlilie, Weide, Zaun-Winde

Pflanzen auf feuchten Wiesen (S. 115):

Bach-Nelkenwurz, Ehrenpreis, Gänseblümchen, Gemeine Kuhblume, Gemeiner Beinwell, Gemeiner Frauenmantel, Gemeines Kreuzblümchen, Gras-Sternmiere, Großer Wiesenknopf, Hahnenfuß (Kriechender H., Scharfer H.), Herbst-Löwenzahn, Hornklee, Hornkraut, Johanniskraut, Klappertopf, Klee (Weiß-K., Rot-K.), Kleiner Baldrian, Körnchen-Steinbrech, Kratzdistel (Kohl-K., Sumpf-K.), Labkraut (Wiesen-L., Echtes L.), Lichtnelke (Rote L., Kukkucks-L.), Pastinak, Schlüsselblume (Wald-S., Wiesen-S.), Spitz-Wegerich, Storchschnabel (Wald-S., Wiesen-S., Sumpf-S.), Sumpf-Vergißmeinnicht, Teufelskralle, Trollblume, Wald-Engelwurz, Wicke, Wiesen-Glockenblume, Wiesen-Knöterich, Wiesen-Kümmel, Wiesen-Margarite, Wiesen-Pippau, Wiesen-Platterbse, Wiesen-Sauerampfer

Pflanzen in Pflasterritzen (S. 129):

Berufkraut (Kanadisches B.), Bruchkraut (Kahles B.), Fingerkraut (Gänse-F.), Hirtentäschelkraut, Huflattich, Kamille (Strahlenlose K.), Klee (Weiß-K.), Knöterich (Vogel-K.), Kuhblume, Mastkraut (Liegendes M.), Rispengras (Einjähriges R.), Sauerampfer (Kleiner S.), Silber-Birnmoos, Schuttkresse, Wegerich (Breit-W., Spitz-W.)

Pflanzen in der Krautschicht von Laubmischwäldern (S. 135):

Bingelkraut, Flattergras (Wald-F.), Giersch (Zaun-G.), Glockenblume (Nesselblättrige G., Pfirsichblättrige G.), Goldnessel, Goldstern (Wald-G.), Hahnenfuß (Wolliger H.), Hainbinse (Haar-H., Wald-H.), Labkraut (Wald-L.), Leberblümchen, Lungenkraut (Echtes L.), Maiglöckchen, Perlgras (Einblütiges P.), Platterbse (Frühlings-P.), Ruprechtskraut, Sauerklee (Wald-S.), Scharbockskraut, Schattenblume (Zweiblättrige Sch.), Schlüsselblume (Wald-Sch.), Siebenstern (Europäischer S.), Sternmiere (Echte S., Wald-S.), Taubnessel (Gefleckte T.), Veilchen (Hain-V., Wald-V.), Wachtelweizen (Hain-W., Wiesen-W.), Waldmeister, Weizwurz (Duftende W., Vielblütige W.), Windröschen (Busch-W., Gelbes W.), Ziest (Wald-Ziest)

2. Ausgewählte Familien der Samenpflanzen

2.1. Familie Doldengewächse

Diese Pflanzenfamilie umfaßt etwa 3000 Arten. Sie sind vor allem als Steppen-, Sumpf-, Wiesen- und Waldpflanzen in den gemäßigten Zonen der Erde verbreitet. Sie sind krautige Pflanzen. Viele Doldengewächse enthalten ätherische Öle und dienen als **Heil-** oder **Gewürzpflanzen,** z.B. Petersilie, Dill, Kerbel, Liebstöckel, Anis, Kümmel, bzw. als **Arzneipflanzen,** z.B. Fenchel, Engelwurz. Einige Arten besitzen rübenförmige Wurzeln, die als **Gemüse** gegessen werden, z.B. Möhre, Sellerie, Pastinak. Einige Arten sind **Giftpflanzen,** z.B. Gefleckter Schierling, Wasserschierling, Hundspetersilie.

Die Doldengewächse sind an grundlegenden Merkmalen zu erkennen. Ihre **hohlen Stengel** sind durch Knoten gegliedert und tragen wechselständige **Blätter**, die fast immer mehrfach geteilt sind und den Stengel mit einer Blattscheide umfassen. In den kleinen, meist weißen (selten gelben) **Blüten** sind die Teile strahlig angeordnet. Sie besitzen 5 Kelch- (meist zurückgebildet), 5 Kron-, 5 Staubblätter, 1 Fruchtknoten mit 2 Griffeln. Als **Blütenstand** kommt meistens eine zusammengesetzte Dolde (Doppeldolde) vor, die oftmals am Grunde Hüllblätter aufweist. Die **Frucht** ist eine zweisamige Spaltfrucht, die in 2 einsamige Teilfrüchte zerfällt.

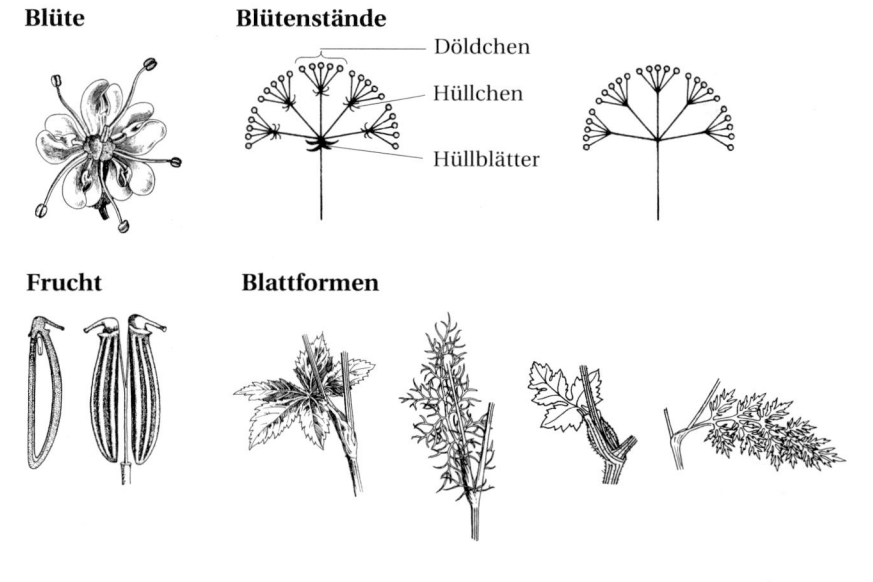

Blüte   Blütenstände

Döldchen

Hüllchen

Hüllblätter

Frucht   Blattformen

Einige Doldengewächse

1 · Pflanze distelartig
  · Blätter dornig

   Mannstreu

Feld-
Mannstreu 1

1* Pflanze nicht distelartig
  · Blätter nicht dornig 2

2 · Blätter ungeteilt, ganzrandig

   Hasenohr
   Blüten gelb

2* · Blätter geteilt 3

3 · Blätter handförmig geteilt (fünf-
  zählig) 4

3* · Blätter dreizählig, gefiedert oder
  fiederteilig 5

Sichel-
Hasenohr 2

Rundblättriges
Hasenohr

4 · Dolde köpfchenförmig
  · Blüten weiß
  · Hüllblätter der Dolde groß, röt-
   lich, sternförmig angeordnet
  · Laubblätter 3- bis 7teilig

   Sterndolde

4

4* · Dolde zusammengesetzt, Döld-
   chen köpfchenförmig
  · Blüten rötlichweiß
  · Hüllchen der Döldchen klein
  · Grundständige Laubblätter
   handförmig geteilt

   Sanikel

4*

4*

Wald-
Sanikel

5 · Blüten gelb, grünlich, grünlich-
gelb oder weiß 6

5* · Blüten weiß oder rötlich 7

6 · Hüllchen vielblättrig
· Fiederblättchen gelappt, rauhhaarig

  Wiesen-Bärenklau (Abb. S. 79)
  Dolden 7 – 25strahlig, Stengel
  kantig gefurcht mit steifen
  Haaren

6* · Hüllchen fehlend
· Fiederblättchen haarförmig

  Dill
  Blattscheiden kurz (1 – 2 mm
  lang), ohne Öhrchen

7 · Früchte schmal, linealisch 8

7* · Früchte rundlich 9

8 · Früchte ohne Rippen, kurzge-
schnäbelt
· Laubblätter gefiedert
· Pflanze süßlich riechend

  Kerbel

8* · Früchte mit Rippen, kurzge-
schnäbelt
· Laubblätter dreizählig oder gefiedert
· Pflanze geruchlos

  Kälberkropf
  (↗ S. 11)

9

9 · Früchte kahl
· Mittleres Döldchen der zusam-
mengesetzten Dolde wie andere
Blüten gefärbt 10

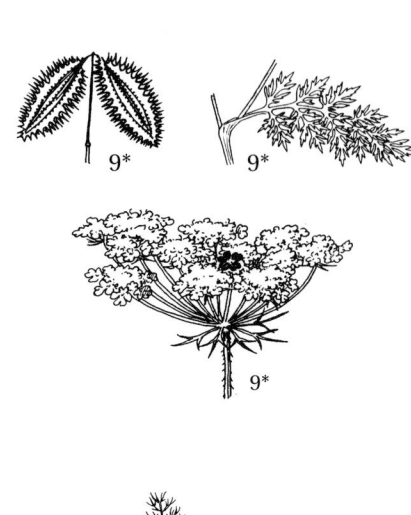

9* · Früchte stachelig
· Mittleres Döldchen der zusam-
mengesetzten Dolde meist zurückgebildet, besitzt oftmals eine
dunkelrote bis schwarze Blüte

Wilde Möhre

10 · Blätter mehrfach fiederteilig, Fiederblättchen vielspaltig mit
quirlförmig angeordneten haarfeinen Zipfeln
· Pflanze stark würzig duftend

Bärwurz

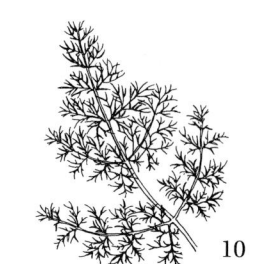

10* · Blätter einfach fiederteilig
· Blätter riechen beim Zerreiben
unangenehm

Pimpinelle

Große
Pimpinelle

Bestimmungsschlüssel der Gattung Kälberkropf

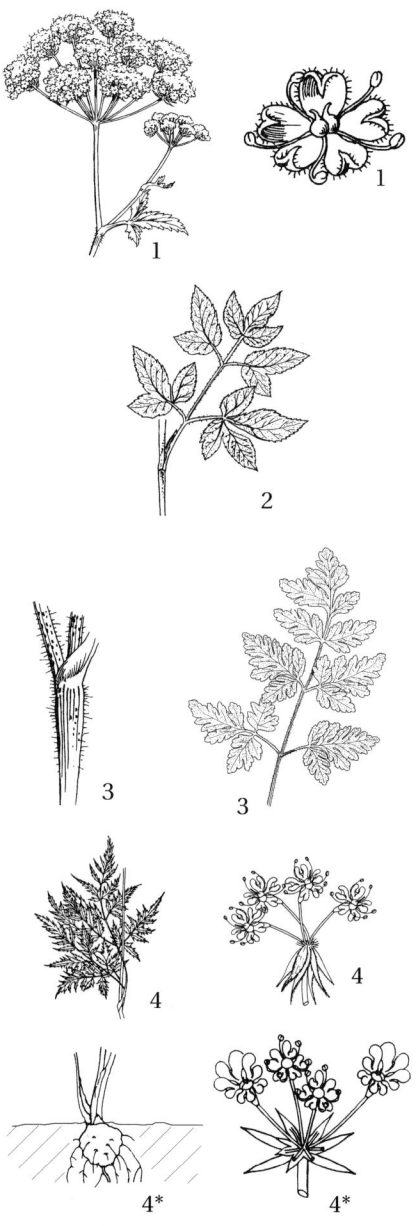

1 · Kronblätter wimperartig behaart
  · Stengel unter den Knoten nicht verdickt

   Rauhhaariger Kälberkropf

1* · Kronblätter kahl
  · Stengel unter den Knoten verdickt oder wenigstens rotfleckig. . . . 2

2 · Blättchen ungefiedert
  · Blättchen doppelt gesägt

   Aromatischer Kälberkropf

2* · Blättchen am Grunde gefiedert
  · Blättchen an der Spitze gesägt 3

3 · Blätter doppelt gefiedert und stumpf

   Taumel-Kälberkropf

3* · Blätter mehr als doppelt gefiedert und spitz 4

4 · Hüllchen wimperartig behaart
  · Stengel bis oben behaart

   Gold-Kälberkropf

4* · Hüllchen nicht wimperartig behaart
  · Stengel oben kahl

   Rüben-Kälberkropf

2.2. Familie Echte Gräser (Süßgräser)

Süßgräser sind weltweit verbreitet. Sie sind meist krautartige Pflanzen. Zu ihnen gehören etwa 10 000 Arten. Die Süßgräser sind in Wiesen, Steppen und Savannen vorherrschend. Als **Futtergräser** stellen sie für viele Tiere die Nahrungsgrundlage dar, z.B. Straußgras, Knäuelgras, Rispengras, Lieschgras, Fuchsschwanz. Als **Nutzpflanzen** sind vor allem die Getreidearten von größter Bedeutung, z.B. Weizen, Roggen, Gerste, Hafer, Mais, Reis, Hirse.
Wesentliche Merkmale sind der hohle, durch Knoten gegliederte **Stengel** (Halm) und die schmalen parallelnervigen **Blätter**. Die kleinen **Blüten** stehen in **Blütenständen** (Ähre, Rispe, Ährenrispe). Die Teilblütenstände (ein- bis vielblütig) nennt man **Ährchen**. Sie werden von Hüllblättern, den **Spelzen,** umgeben. Die **Frucht** ist eine Schließfrucht (Karyopse).

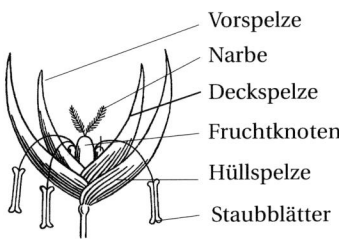

- Vorspelze
- Narbe
- Deckspelze
- Fruchtknoten
- Hüllspelze
- Staubblätter

Einblütiges Ährchen

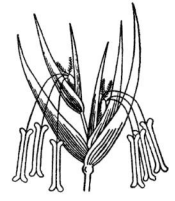

Zweiblütiges Ährchen

Dreiblütiges Ährchen

Formen der Blütenstände

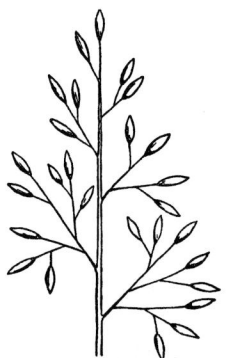

Ährenachse

Rispe
Ährchen sitzen an verlängerten Stielen
1., 2. und 3. Ordnung

Ährenrispe
Ährchen sitzen an kurzen Stielen
1., 2. und 3. Ordnung

Ähre
Ährchen sitzen direkt auf Blütenstandsachse

Bestimmungsschlüssel für Blütentypen

1 · Ährchen ohne Stiel, sitzen direkt auf Blütenstandsachse

    Ährengräser

1* · Ährchen sitzen an unverzweigten oder verzweigten Stielen 2

2 · Ährchen sitzen an kurzen unverzweigten oder verzweigten Stielen

    Ährenrispengräser

2* · Ährchen sitzen an langen, häufig verzweigten Stielen

    Rispengräser

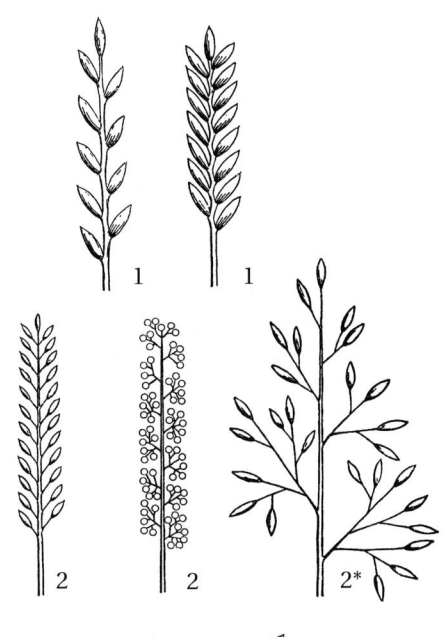

Einige Ährengräser

1 · Auf jedem Absatz der Ährenachse mehr als ein Ährchen (mehrzeilig angeordnet) 2

1* · Auf jedem Absatz der Ährenachse nur ein Ährchen (2zeilig angeordnet) 4

2 · Ährchen enthält mehr als eine Blüte
  · Ährchen ohne Grannen

    Strandroggen
    Pflanze blaugrün

2* · Ährchen enthält nur eine Blüte, sitzen zu jeweils 3 zusammen
  · Ährchen mit Grannen 3

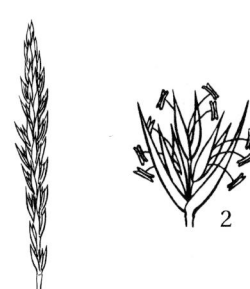

3 · Mittel- und 2 Seitenährchen
  zwittrig, Ährchen kurzgestielt

  Wald-Haargerste
  Untere Blattscheide mit langen
  nach rückwärts gerichteten
  Haaren

3* · Nur Mittelährchen zwittrig, Ährchen ohne Stiel

  Sommer-Gerste,
  Zweizeilige Gerste

4 · Breitseite des Ährchens zeigt zur
  Ährenachse
  · Ährchen mit 2 Hüllspelzen 5

4* · Schmalseite des Ährchens zeigt
  zur Ährenachse
  · Ährchen mit 1 Hüllspelze, nur
  endständiges Ährchen mit
  2 Hüllspelzen

  Weidelgras

5 · Ährchen ohne Stiel und dicht ge-
  packt an Ährenachse 6

5* · Wenige Ährchen mit kurzem
  Stiel und in größeren Abständen
  an Ährenachse angeordnet 8

6 · Ährchen enthält 3 oder mehr
  Blüten
  · Hüllspelzen gewölbt eiförmig
  oder lanzettlich 7

6* · Ährchen enthält 2 Blüten
  · Hüllspelzen schmal und zugespitzt

  Roggen

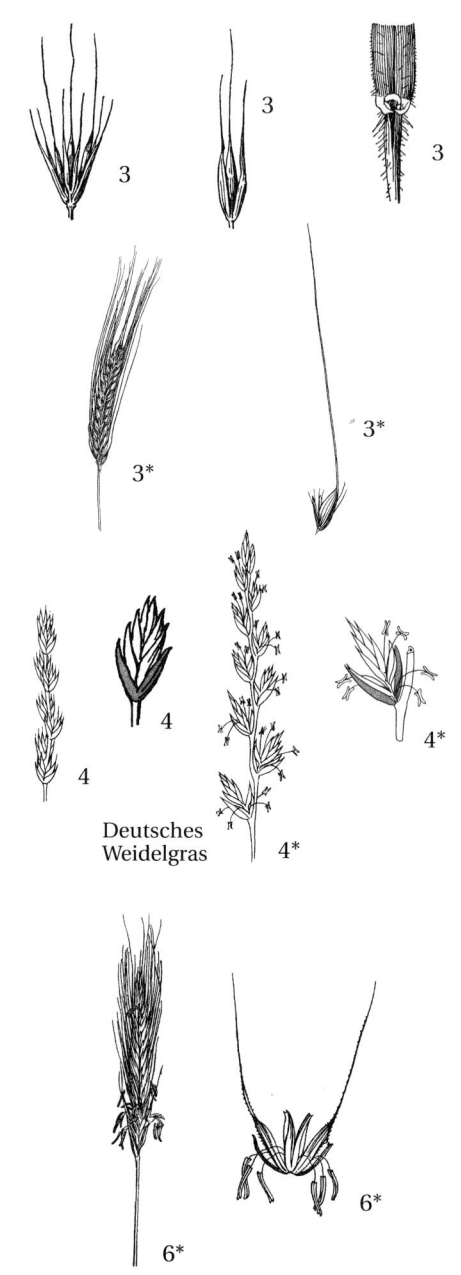

Deutsches
Weidelgras

7 · Ährchen enthält 5 bis 7 Blüten
· Hüllspelzen lanzettlich

Quecke

7* · Ährchen enthält 3 bis 5 Blüten
· Hüllspelzen gewölbt eiförmig

Weizen (Abb. S. 80)

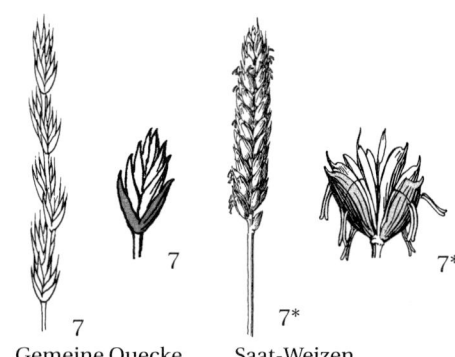

7   7*

7   7*

Gemeine Quecke   Saat-Weizen

8 · Ähre aufrecht
· Granne kürzer als Deckspelze

Fieder-Zwenke

8* · Ähre bogenförmig überhängend
· Granne länger oder mindestens
so lang wie die Deckspelze, ge-
schlängelt

Wald-Zwenke

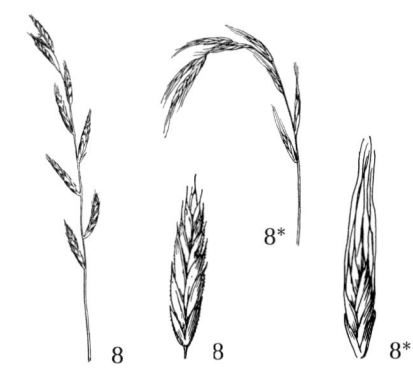

8*

8   8   8*

Einige Ährenrispengräser

1 · Am Grunde des fruchtbaren Ährchens stachelspitz-kammartige
unfruchtbare Ährchen (Blättchen)

Gemeines Kammgras

1* · Am Grunde des fruchtbaren Ährchens keine stachelspitz-kamm-
artigen unfruchtbaren Ährchen
(Blättchen)......................2

2 · Ährchen mit einer Blüte..........3

2* · Ährchen mit mehreren Blüten.....6

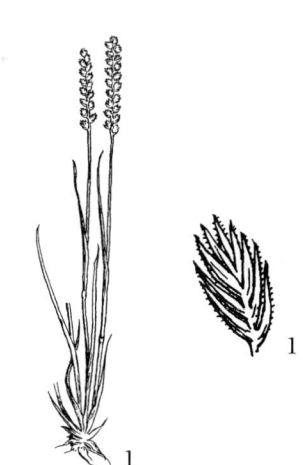

1

1

3 · Blüten mit 2 Staubblättern, langer federförmiger Narbe
· Ährchen in lockerer Ährenrispe

Ruchgras

3* · Blüten mit 3 Staubblättern
· Ährchen in dichter Ährenrispe 4

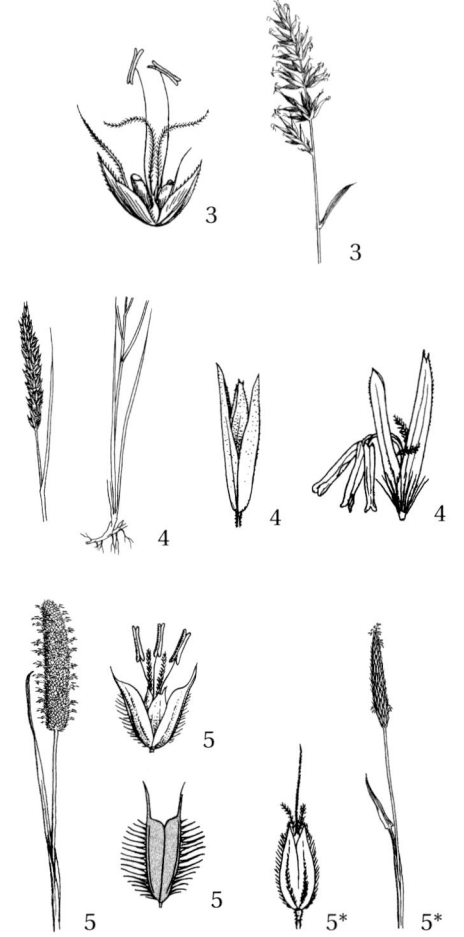

4 · Am Grunde der Deckspelzen mit
Haarbüschel an Ährenachse

Gemeiner Strandhafer oder
Gemeines Sandrohr
Dünenpflanze

4* · Am Grunde der Deckspelzen
ohne Haarbüschel an
Ährenachse 5

5 · Ährchen u-förmig, Hüllspelzen
zusammengedrückt, scharfge-
kielt, Kiel mit steifen Haaren
· Blütenstand schwer abstreifbar

Lieschgras

5* · Ährchen eiförmig, Hüllspelzen
nicht mit steifen Haaren
· Blütenstand leicht abstreifbar

Fuchsschwanz

Wiesen-Lieschgras   Wiesen-Fuchsschwanz

6 · Deckspelze mit langen seidigen
Haaren
· Steife graugrüne Blätter
· Halme aufrecht
· Ährenrispe blaßgelb

Wimper-Perlgras

Einige Rispengräser

1 · Ährchen enthält eine Blüte

> **Einblütiges Perlgras**
> Rispe offen, mit langen, auf-
> rechtstehenden Ästchen;
> gewölbte Hüllspelzen rot-
> braun, Deckspelzen grün,
> ohne Grannen

1* · Ährchen enthält 2 bis viele Blü-
ten 2

2 · Blatthäutchen mit Haaren 3

2* · Blatthäutchen ohne Haare 7

3 · Deckspelze mit fehlender oder
spitzenständiger Granne 4

3* · Deckspelze mit rückenständiger
Granne 5

4 · Hüllspelzen so lang oder länger
als das Ährchen
· Deckspelze ohne Granne, 3 kleine Zähne an Spitze
· Rispe mit wenigen Ährchen, aufrecht

> **Liegender Dreizahn**
> Blatthäutchen als Haarkranz

4* · Hüllspelzen kürzer als das Ährchen
· Deckspelzen ohne Granne,
länglich, zugespitzt
· Rispe groß, vielästig

> **Gemeines Schilfrohr**
> Blatthäutchen als Haarkranz

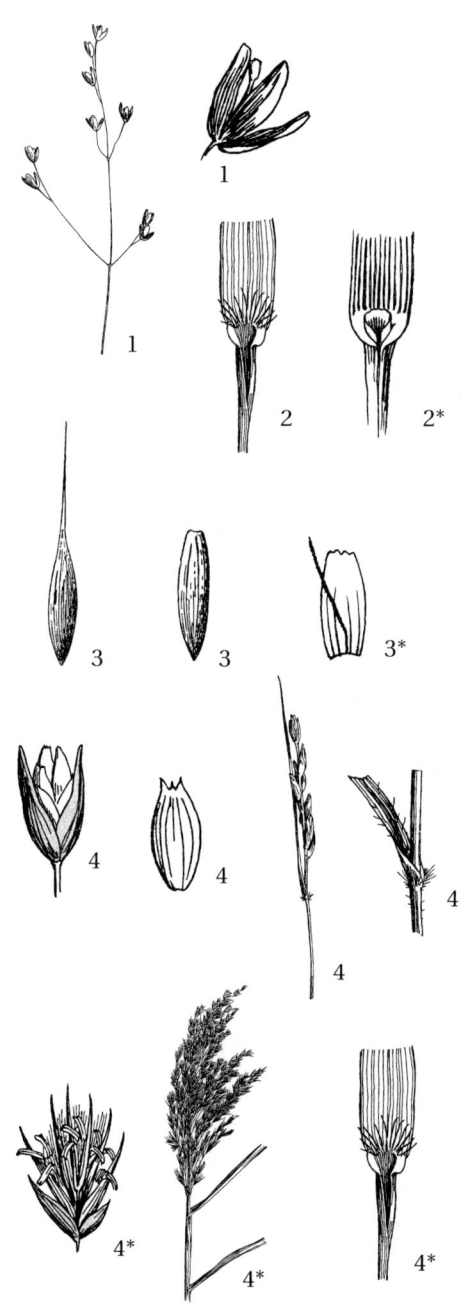

5 · Ährchen groß (über 5 mm)

Hafer

5* · Ährchen klein (weniger als
5 mm) 6

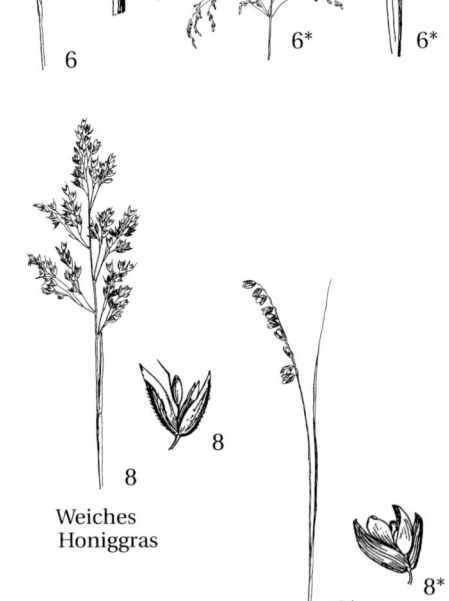

Saat-Hafer   Flug-Hafer

6 · Blätter gerollt
· Blatthäutchen bis 3 mm lang
· Seitenäste zu 2 abgehend

Schlängel-Schmiele

6* · Blätter nicht gerollt
· Blatthäutchen über 3 mm lang
· Seitenäste zu 5 abgehend

Rasen-Schmiele

7 · Hüllspelze mindestens so lang
wie das Ährchen 8

7* · Hüllspelze deutlich kürzer als
das Ährchen 9

8 · Deckspelze mit rückenständiger
Granne
· Rispe meist ausgebreitet, mit
weißlichen, gelbbraunen oder
rötlichen Ährchen

Honiggras

8* · Deckspelze ohne Granne
· Rispe schmal mit nach unten
hängenden (nickenden) Ährchen, rotbraun

Nickendes Perlgras

Weiches
Honiggras

9 · Deckspelze mit deutlichem
Kiel 10

9* · Deckspelze meist ohne Kiel. 11

10 · Rispe dreieckig, einseitswendig,
unterster Rispenast einzeln, weit
abstehend
· Ährchen mittelgroß, am Ende
der Rispe gehäuft (knäuelartig)

Knäuelgras

10* · Rispe ausgebreitet (nicht knäuelartig)
· Ährchen klein, zusammengedrückt

Rispengras

11 · Deckspelze gewölbt, stumpf oder
abgerundet ohne Granne

Zittergras
Große Rispe mit ausgebreite-
ten Ästen, nickende herzförmige violettfarbige Ährchen

11* · Deckspelze zugespitzt oder mit
Granne 12

12 · Bis 2 Rispenäste am untersten
Quirl

Schwingel

12* · Mehr als 2 Rispenäste am untersten Quirl

Trespe

10

Gemeines
Knäuelgras

10

10*   10*
Gemeines Rispengras

11

11   11

12   12

12
Wiesen-
Schwingel

12*   12*
Wehrlose Trespe

Unsere einheimischen Getreidearten

1 · Ährchen ohne Stiel oder nur sehr
  kurz gestielt 2

1* · Ährchen deutlich gestielt

  Hafer

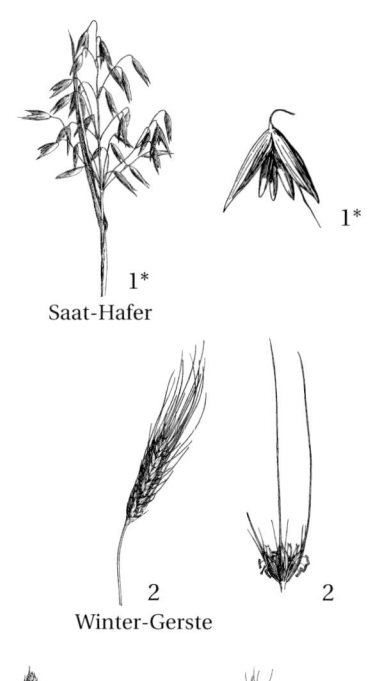

1*
Saat-Hafer

2 · Auf jedem Absatz der Ährenachse mehr als ein Ährchen

  Gerste

2* · Auf jedem Absatz der Ährenach-
  se nur ein Ährchen 3

2
Winter-Gerste

3 · Ährchen enthält 3 oder mehr
  Blüten

  Weizen (Abb. S. 80)

3* · Ährchen enthält 2 Blüten

  Roggen

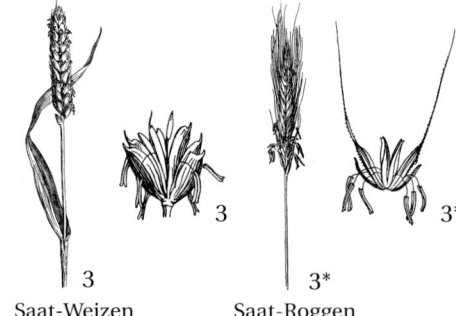

3
Saat-Weizen

3*
Saat-Roggen

2.3. Familie Hahnenfußgewächse

Zu dieser Familie gehören weltweit etwa 2000 verschiedene Pflanzenarten, bei uns etwa 70. Viele sind weit verbreitet. Man findet sie an völlig verschiedenen Standorten. Manche leben im Wasser (Wasser-Hahnenfuß), andere wachsen auf feuchten Stellen (Sumpf-Dotterblume) und andere wieder findet man nur auf trockenen Standorten (Küchenschelle). Unter den Hahnenfußgewächsen befinden sich **Zierpflanzen** (z.B. Rittersporn) und **Giftpflanzen** (z.B. Eisenhut). **Geschützt** sind u. a.: Eisenhut, Frühlings-Adonisröschen, Großes Windröschen, Akelei, Hoher Rittersporn, Trollblume, Schwarze Nieswurz, Leberblümchen, Küchenschelle, Zungen-Hahnenfuß, Zart behaarter Hahnenfuß.

Die Pflanzen haben meist regelmäßig (strahlig) gebaute **Blüten**; seltener ist die Blüte zweiseitig-symmetrisch. Sie besitzen viele Staubblätter und meist viele Fruchtblätter, die frei und oberständig sind.

Als Früchte kommen **Balgfrüchte** mit mehreren Samen und **Nüsse** mit einem Samen vor, selten sind es **Beeren** oder **Kapseln.**

Die **Blätter** sind meist geteilt und wechselständig angeordnet. Viele Pflanzen (Arten) dieser Familie sind einjährig oder ausdauernde Kräuter, seltener Sträucher.

Beispiele für Blattformen

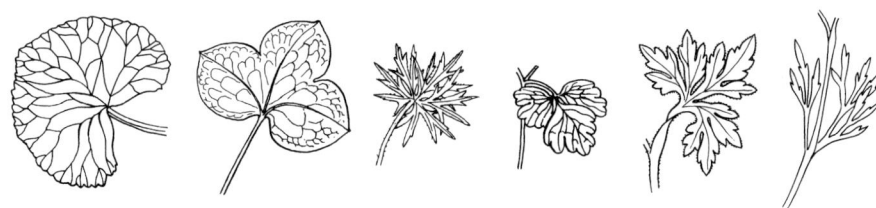

Beispiele für Blütenformen

Beispiele für Fruchtformen

Einige Hahnenfußgewächse

1 · Blüten gespornt. 2

1* · Blüten nicht gespornt 4

1   1*

2 · Blüten mit 5 Spornen, blau seltener, rosa oder weiß
· Blätter dreizählig oder dreiteilig

Gemeine Akelei
Häufig Zierpflanze

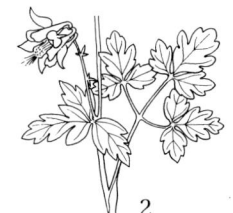

2

2

2*

2* · Blüten mit einem Sporn
· Blätter anders gestaltet 3

3 · Blätter handförmig geteilt
· Blütenstand mit vielen Blüten
· Blüten blau bis violett

Hoher Rittersporn
Bis 2 m, **giftig,** insbesondere
die Frucht

3* · Blätter fiederteilig
· Blütenstand mit wenigen Blüten
· Blüten leuchtend blau

Feld-Rittersporn (Abb. S. 77)
Auf nährstoffreichen Äckern,
giftig, insbesondere die Frucht

3   3*

4 · Stengel nur am Grunde mit Blättern
· Blätter dreilappig, Blüten blau,
vor den Blättern ausgebildet

Leberblümchen
Geschützt! Giftig,
die ganze Pflanze

4* · Stengel auch über dem Grund
mit Blättern
· Blätter nicht dreilappig,
anders gestaltet 5

4

5 · Unterhalb der Blüte ein
   Blattquirl 6

5* · Unterhalb der Blüte
   kein Blattquirl 9

6 · Blattquirl dicht unterhalb
   der Blüte
   · Stengel nur mit einer Blüte
   · Blüte gelb

   Winterling oder **Winterstern**

6* · Blattquirl etwas von der Blüte
   entfernt
   · Stengel mit einer oder mehreren
   Blüten
   · Blüte gelb und anders farbig 7

7 · Blüten violett

   Gemeine Küchenschelle oder
   Kuhschelle (Abb. S. 78)
   Geschützt!

7* · Blüten weiß oder gelb 8

8 · Blüten weiß

   Busch-Windröschen
   (Abb. S. 77)
   Giftig, ganze Pflanze!

8* · Blüten gelb, oft zu zweit

   Gelbes Windröschen
   (Abb. S. 77)
   Giftig, ganze Pflanze!

9 · Blätter handförmig geteilt oder
zungenförmig
· Blüten weiß oder gelb

Hahnenfuß

9* · Blätter ungeteilt 10

9 Kriechender
Hahnenfuß

9 Zungen-Hahnenfuß
Geschützt!

10 · Blätter bis 4 cm, rundlich, herzförmig, glänzend
. Blüten goldgelb mit 3 Kelchblättern

Scharbockskraut
In den Blattachseln oft Brutknöllchen

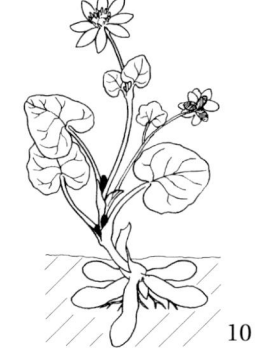

10

10*· Blätter größer als 4 cm, nierenförmig, dunkelgrün glänzend
. Blüten dottergelb

Sumpf-Dotterblume
(Abb. S. 77)

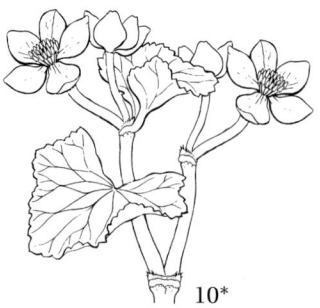

10*

2.4. Kieferngewächse

Zu dieser Pflanzenfamilie gehören nur Holzgewächse. Ihre **Samen** sind geflügelte Nüßchen, die lose auf verholzten Zapfenschuppen liegen. Bei Trockenheit spreizen sich diese Schuppen, so daß die Samen herausfallen können.
Die **Blätter** der Kieferngewächse sind Nadeln. Über deren kleine Oberfläche, die meist noch sehr hart und fest ist, geben die Nadeln nur wenig Wasser ab; so können die Nadeln fast aller Kieferngewächse auch Frosttrockenheit im Winter ertragen.
Die Waldkiefer und die Gemeine Fichte sind in weiten Gebieten Deutschlands am Waldbaumbestand beteiligt, so daß sie wesentlich das Landschaftsbild mitgestalten.
Zum Bestimmen betrachten wir vor allem die **Form,** die **Farbe** und **Anordnung** der **Nadeln** sowie die **Zapfen.**

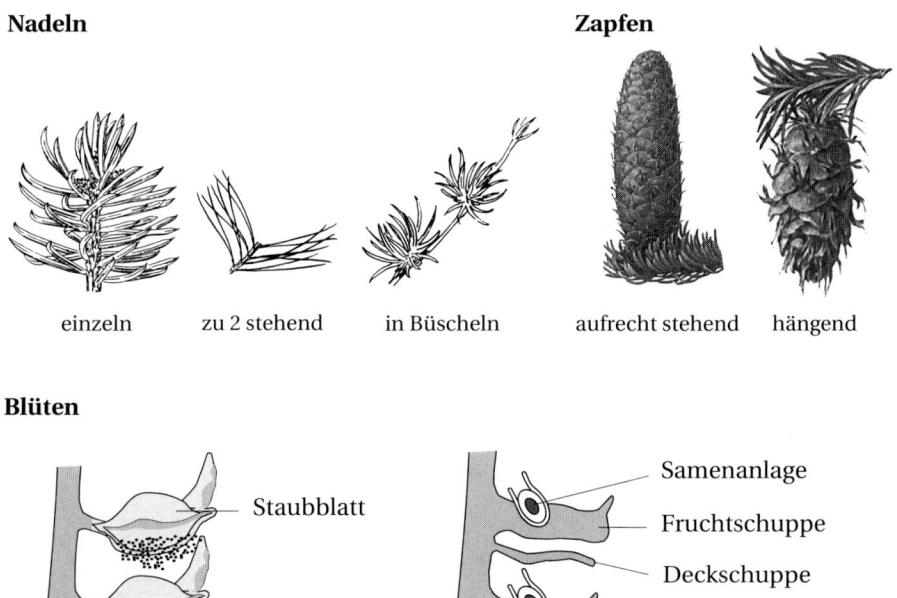

Nadeln

Zapfen

einzeln   zu 2 stehend   in Büscheln   aufrecht stehend   hängend

Blüten

Staubblatt

Pollen

Samenanlage

Fruchtschuppe

Deckschuppe

Einige Kieferngewächse

1 · Nadeln einzeln oder zu 2 bis 5 in
   gemeinsamer Scheide 2

1* · Nadeln in Büscheln

    Europäische Lärche
    Nadeln hellgrün, weich,
    Bäume im Winter ohne Nadeln

1*

2 · Nadeln einzeln 3

2* · Nadeln 2 bis 5 in gemeinsamer
   Scheide 8

3 · Nadel vierkantig
   · Nadel am Grunde mit braunem
   Stielchen. 4

3* · Nadel flach
   · Nadel ohne braune Stielchen 5

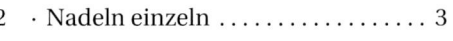

3   3

3*   3*

4 · Nadeln mattgrün, graugrün bis
   weißlichgrün, spitz
   · Nadeln stechend hart
   · Nadeln allseitig am Zweig starr
   abstehend

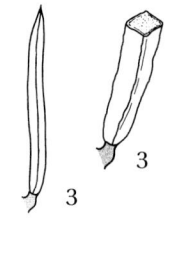

4

    Blaufichte oder **Stech-Fichte**

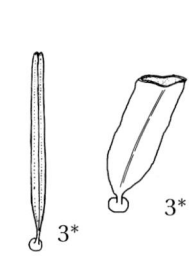

4* · Nadeln grün
   · Nadeln fest, aber biegsam
   · Nadeln sitzend auf Nadelkissen,
   um den Zweig herum stehend

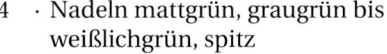

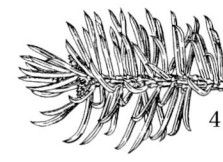

    Gemeine Fichte
    Zapfen hängend

4*

5 · Nadeln länger als 4 cm
· Nadeln matt-grün bis grau 6

Grau-Tanne
Nadeln meist sichelförmig,
aufwärtsgebogen, zerrieben
wohlriechend

5* · Nadeln kleiner als 4 cm
· Nadeln grün, untere Seite mit
2 weißen Streifen 6

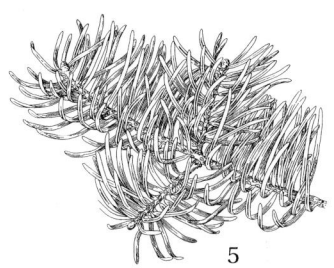

5

6 · Nadeln und Zweige harzig duftend
· Zapfen aufrecht 7

6* · Nadeln und Zweige fruchtig duf-
tend
· Zapfen hängend mit 3zipfligen
Schuppen

Douglasie (Abb. S. 80)
Nadel länger als 2 cm

6*

6*

7 · Rinde weißlich-grau
· Nadeln deutlich gescheitelt

Weiß-Tanne

7* · Rinde dunkelgrau
· Nadeln nicht gescheitelt

Nordmann-Tanne

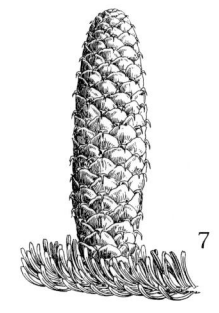

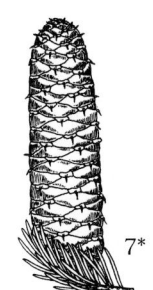

7

7*

8 · Nadeln zu zweit stehend
 · Nadeln grün.................... 9

8* · Nadeln zu fünft stehend
 · Nadeln blaugrün

    Weymouths-Kiefer
    Zapfen sehr langgestreckt,
    leicht gebogen, locker-schup-
    pig und sehr harzig

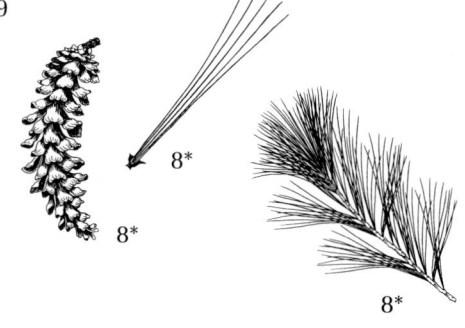

9 · Nadeln 7 – 15 cm lang
 · Nadeln schwarzgrün mit auffallend gelber Spitze
 · Zapfen breit-kegelförmig bis
   8 cm lang

    Schwarz-Kiefer

9* · Nadeln 4 – 7 cm lang, gedreht
   oder gekrümmt
 · Nadeln blau- oder graugrün
   ohne auffallend gelber Spitze
 · Zapfen klein, fast kugelig, 3 bis
   7 cm lang

    Gemeine Kiefer oder
    Wald-Kiefer

2.5. Familie Korbblütengewächse

Zu dieser Familie gehören etwa 20 000 Arten, die weltweit verbreitet sind. Die meisten Arten sind krautige Pflanzen oder Sträucher, Bäume sind selten.
Zu der Familie gehören viele **Zierpflanzen,** z.B. Dahlien, Zinien, Studentenblume, Astern, Chrysanthemen, Margeriten, Strohblumen. Häufig angebaute **Kulturpflanzen** sind außerdem Salat, Schwarzwurzel und Sonnenblume.
Viele wildwachsende Korbblütengewächse werden zur Herstellung von Tee und Medikamenten verwendet, z.B.: Kamille, Wermut, Arnika, Huflattich.
Die Familie gehört zu den zweikeimblättrigen Pflanzen.
Geschützt ist die Silberdistel.
Die **Blüten** stehen als Röhren- und Zungenblüten in einem korbartigen Blütenstand. Die **Röhrenblüten** bestehen aus 5 Kronblättern, die zu einer Röhre verwachsen sind, aus 5 Staubblättern, 1 unterständigen Fruchtknoten mit 1 Griffel und 2 Narben. Bei den **Zungenblüten** sind die 5 Kronblätter unregelmäßig verwachsen und zungenförmig nach einer Seite verlängert.
Die **Kelchblätter** sind oft zu einem Haarkranz umgebildet, der auch an den Früchten sitzt und der Verbreitung dient.
Zwischen den einzelnen Blüten können auf dem **Blütenkorbboden** Spreublätter stehen. Die Blüten im **Korb** sind entweder nur Zungenblüten oder nur Röhrenblüten, oder es kommen beide Blütenformen in einem Blütenkorb vor. Der Korb wird außen von Hüllblättern, manchmal zusätzlich von Außenhüllblättern umschlossen.

Blütenformen

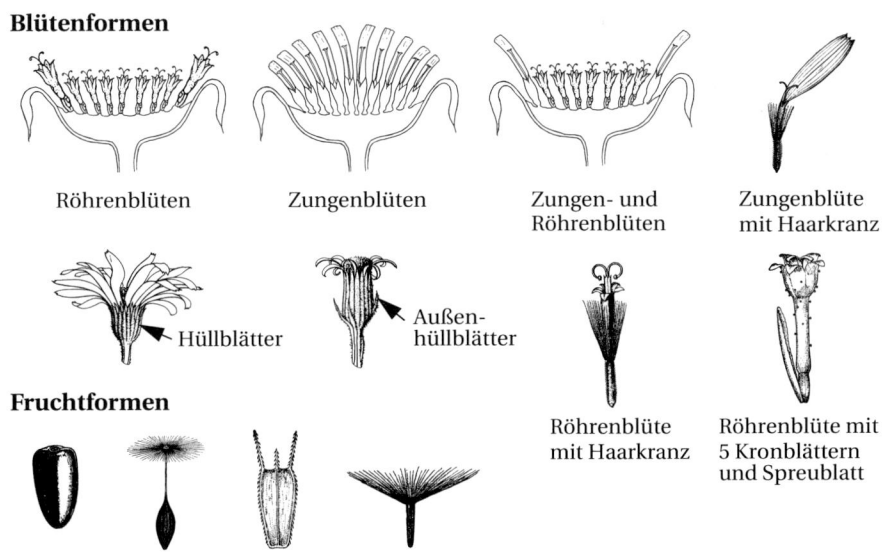

Röhrenblüten   Zungenblüten   Zungen- und Röhrenblüten   Zungenblüte mit Haarkranz

Hüllblätter   Außenhüllblätter

Fruchtformen

Röhrenblüte mit Haarkranz   Röhrenblüte mit 5 Kronblättern und Spreublatt

1 Blütenkorb enthält nur Zungenblüten	Bestimmungsschlüssel A
1* Blütenkorb enthält nur Röhrenblüten	Bestimmungsschlüssel B
1** Blütenkorb enthält Röhren- und Zungenblüten	Bestimmungsschlüssel C

Bestimmungsschlüssel A
Blütenkörbe nur mit Zungenblüten

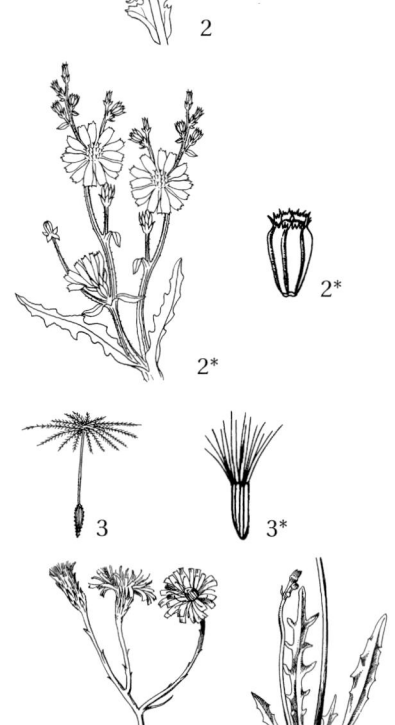

1   · Blüten blau oder violett. 2

1* · Blüten gelb oder orange 3

2   · Fruchtknoten und Früchte mit
      Haarkranz
    · Blüten blau bis violett
    · Blätter fiederteilig, untere mit
      3 Paar Seitenzipfeln und sehr
      großem dreieckigem Endzipfel

   Alpen-Milchlattich

2* · Fruchtknoten und Früchte ohne
      Haarkranz, aber mit kleiner ge-
      zähnter Krone
    · Blüten himmelblau
    · Untere Blätter buchtig-fieder-
      spaltig, obere lanzettlich, sten-
      gelumfassend

   Gemeine Wegwarte
   Pflanze sperrig verzweigt

3   · Fruchtknoten und Früchte mit
      gefiedertem Haarkranz 4

3* · Fruchtknoten und Früchte mit
      ungefiedertem Haarkranz 5

4   · Stengel ohne Blätter
    · Blätter nur als grundständige Ro-
      sette, unregelmäßig gebuchtet

   Löwenzahn

Herbst- Löwenzahn

4* · Stengel mit Blättern
· Blätter ungeteilt, lanzettlich, ganzrandig

Wiesen-Bocksbart
Hüllblätter am Blütenkorb in einer Reihe, am Grunde verwachsen

5 · Früchte an der Spitze mit Schnabel
· Haarkranz der Früchte gestielt 6

5* · Früchte an der Spitze ohne Schnabel
· Haarkranz der Früchte ungestielt 7

6 · Stengel ohne Blätter
· Blätter nur als grundständige Rosette, verkehrt eiförmig, stark gelappt
· Körbe mit zahlreichen Blüten

Kuhblume

6* · Stengel mit Blättern
· Blätter fiederspaltig mit eckigen Blattzipfeln und großem Endlappen
· Körbe mit 5 bis 6 Blüten

Mauerlattich

7 · Blätter stachelig gezähnt
· Früchte stark zusammengedrückt

Gänsedistel

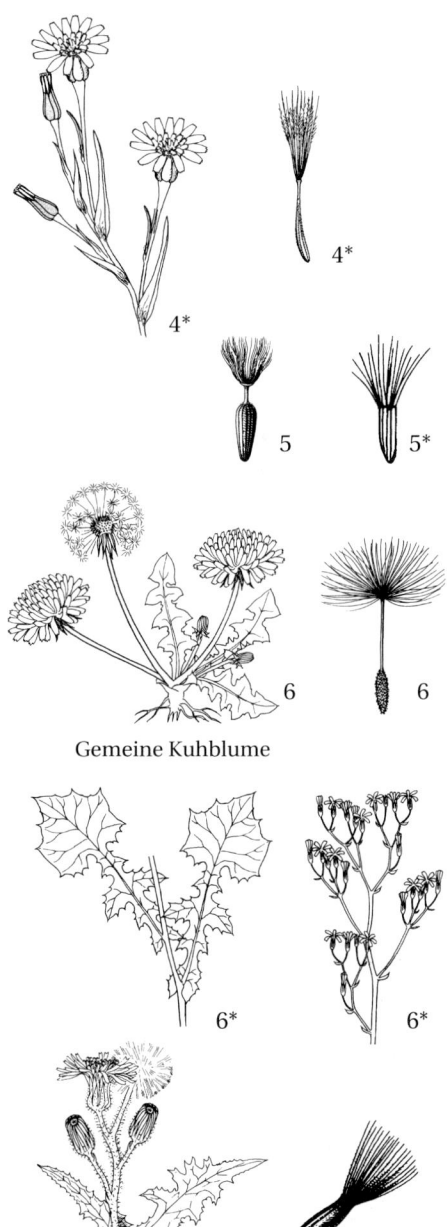

Gemeine Kuhblume

Acker-Gänsedistel

7* · Blätter nicht stachelig gezähnt
· Früchte nicht zusammengedrückt, im Querschnitt rundlich

Habichtskraut
Früchte oben abgestutzt,
Haarkranz der Frucht schmut-
zig weiß und spröde (lassen
sich leicht zu Pulver verrei-
ben!)

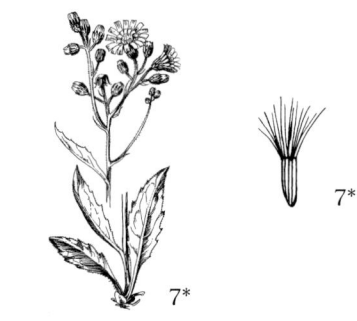

7*

7*

Gemeines Habichtskraut

Bestimmungsschlüssel B
Blütenkörbe nur mit Röhrenblüten

1 · Pflanze distelartig stechend, mit
Stacheln oder Dornen an Blät-
tern oder Blütenkörben. 2

1* · Pflanze nicht distelartig stechend, ohne Stacheln oder Dor-
nen. 4

2 · Blätter stachelig
· Früchte mit Haarkranz 3

2* · Blätter nicht stachelig, aber Blütenkörbe stechend
· Früchte ohne Haarkranz

Flockenblume

3 · Früchte mit gefiedertem Haarkranz

Kratzdistel

3* · Früchte mit ungefiedertem
Haarkranz

Distel

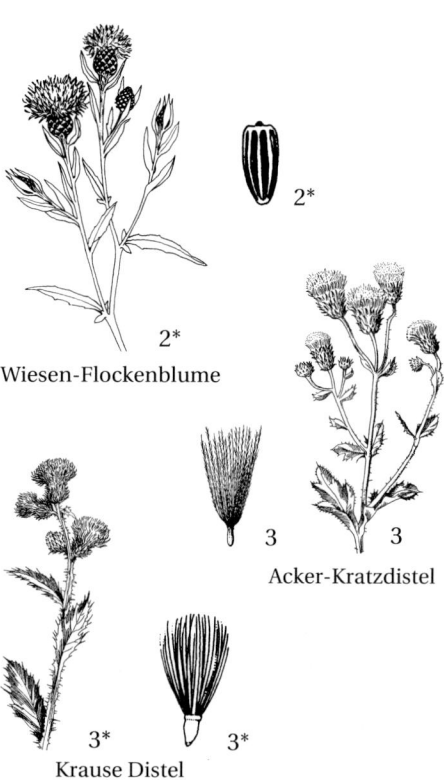

2*

2*
Wiesen-Flockenblume

3   3
Acker-Kratzdistel

3*   3*
Krause Distel

4 · Blüten auffällig gefärbt, gelb, rot,
blau
· Blütenkörbe größer als 5 mm,
mit vielen Blüten 5

4* · Blüten unscheinbar gefärbt,
grünlich, weißlich, gelblich
· Blütenkörbe kleiner als 5 mm,
meist mit wenigen Blüten

Gemeiner Beifuß
Blätter fiederförmig geteilt

4*

4*

5 · Fruchtknoten und Früchte mit
Haarkranz 6

5* · Fruchtknoten und Früchte ohne
Haarkranz 10

6 · Pflanze zur Blütezeit mit grünen
Blättern 7

6* · Pflanze zur Blütezeit ohne grüne
Blätter

Pestwurz
Stengel mit kleinen Schuppen
besetzt

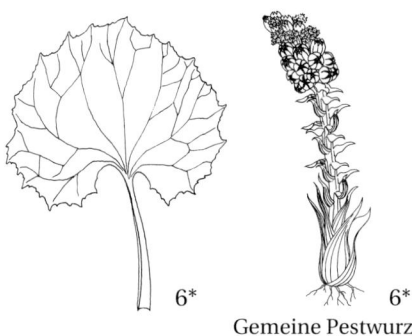

6*

6*

Gemeine Pestwurz

7 · Blüten gelb .8

7* · Blüten rot, rosa oder violett 9

8 · Blätter geteilt
· Hüllblätter in einer Reihe, am
Grunde der Hülle etwa
10 schwarzspitzige kurze Außenhüllblätter

Greiskraut oder **Kreuzkraut**

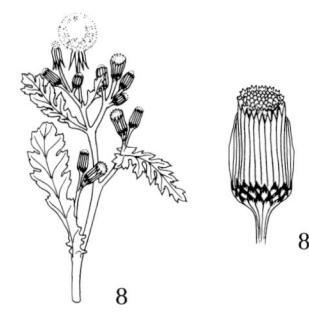

8

8

Gemeines Greiskraut

8* · Blätter ungeteilt
 · Hüllblätter dachziegelartig angeordnet

 Sand-Strohblume (Abb. S. 79)
 Hüllblätter gelb oder orange,
 strohartig, **geschützt**

8*

9 · Blütenkörbe klettenartig
 · Hüllblätter an den Spitzen ha-
 kenförmig gekrümmt

 Klette

9* · Blütenkörbe nicht klettenartig
 · Hüllblätter ohne hakenförmige
 Spitzen

 Flockenblume
 Randblüten der Körbe viel größer als die übrigen Blüten

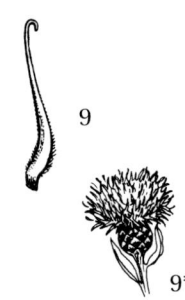

9

9

9*

Gemeine Klette

Wiesen-
Flockenblume

10 · Blätter gegenständig
 · Früchte mit 2 bis 4 widerhakigen
 Borsten

 Zweizahn

10* · Blätter wechselständig
 · Früchte ohne Borsten 11

10

10

Dreiteiliger Zweizahn

11 · Blüten rot oder blau
 · Randblüten der Körbe größer als
 die übrigen Blüten

 Flockenblume

11* · Blüten gelb
 · Alle Blüten der Körbe etwa gleich
 groß 12

11

Wiesen-
Flockenblume

12 · Blütenkörbe einzeln
· Blüten gelb oder grünlich-gelb

Strahlenlose Kamille

12*· Blütenkörbe in schirmartigen
Blütenständen
· Blüten goldgelb

Gemeiner Rainfarn

12

12*

Bestimmungsschlüssel C
Blütenkörbe mit Röhren- und Zungenblüten

1 · Pflanze zur Blütezeit ohne grüne
Blätter
· Stengel mit Schuppenblättern 2

1* · Pflanze zur Blütezeit mit grünen
Blättern
· Stengel des Blütenkorbes ohne
Schuppenblätter 3

2 · Stengel mit 1 Blütenkorb
· Blüten goldgelb
· Blätter grundständig, herzförmig, Unterseite weißfilzig behaart

Gemeiner Huflattich (Abb. S. 78)
Blätter erscheinen erst nach
der Blüte

2* · Stengel mit vielen Blütenkörben
· Blüten rötlich
· Blätter dreieckig, Unterseite
weißfilzig oder rundlich mit
gleichmäßigen Zähnen, Unterseite mit grauen Haaren

Pestwurz

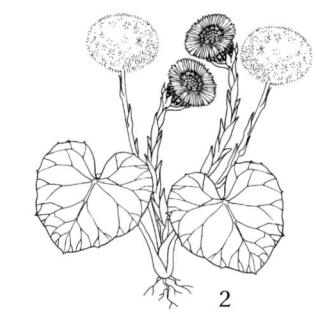

2

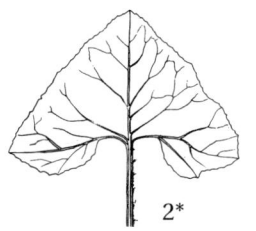

2*

Filzige Pestwurz

2*

Gemeine Pestwurz

3 · Stengel mit Blättern 4

3* · Stengel ohne Blätter, Blätter nur
als grundständige Rosette, spatelförmig

Gänseblümchen (Abb. S. 77)
Zungenblüten weiß bis rötlich,
Röhrenblüten gelb

3*

4 · Blätter am Stengel gegen-
ständig 5

4* · Blätter am Stengel wechselstän-
dig 7

5 · Zungenblüten weiß, meist 5 Zungenblüten
· Blütenköpfe 3 bis 5 mm breit

Knopfkraut oder
Franzosenkraut

5

Kleinblütiges Franzosenkraut

5* · Zungenblüten gelb
· Blütenkörbe 10 bis 60 mm breit . . . 6

6 · Früchte mit Haarkranz
· Blätter ganzrandig

Arnika
Stengel unverzweigt mit 1 bis 3
Blütenkörben

6

6

6* · Früchte mit widerhakigen
Borsten
· Blätter gesägt

Zweizahn

6*

6*

6*
Dreiteiliger Zweizahn

7 · Kelche der Röhrenblüten zu einem Haarkranz umgebildet

> **Greiskraut** oder **Kreuzkraut**
> Hüllblätter in einer Reihe, oft mit kürzeren Außenhüllblättern, Zungenblüten gelb

7* · Kelche der Röhrenblüten zu Schuppen umgebildet oder fehlend. 8

8 · Zungenblüten weiß. 9

8* · Zungenblüten gelb 12

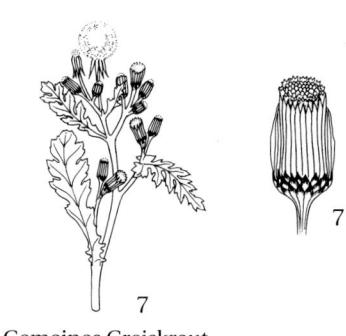

7

Gemeines Greiskraut

9 · Blütenkorbboden mit Spreublätter (Lupe!) 10

9* · Blütenkorbboden ohne Spreublätter (Lupe!). 11

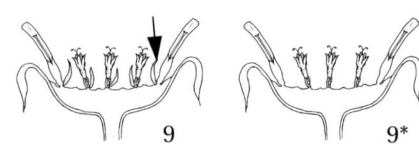

9   9*

10 · Blütenkörbe 2 bis 4 mm breit
· Röhrenblüten weißlich oder bräunlich weiß
· Weniger als 10 Zungenblüten, rundlich, kurz
· Blütenkörbe in schirmförmigen Rispen

Schafgarbe

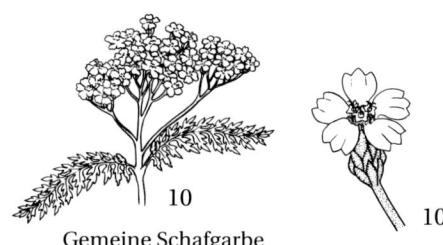

10

Gemeine Schafgarbe

10

10* · Blütenkörbe über 5 mm breit
· Röhrenblüten gelb
· Mehr als 10 Zungenblüten, länglich
· Blütenkörbe nicht in schirmförmigen Rispen, sondern einzeln an langen Ästen

Hundskamille

10*

Acker-Hundskamille

11 · Blätter 2- bis 3fach fiederteilig,
Blattzipfel fadenförmig

    Kamille

11*· Blätter ungeteilt, gezähnt

    Wiesen-Margerite

11   11*

Echte Kamille

12 · Blätter fiederteilig

    Färber-Hundskamille

12*· Blätter grob gesägt bis
fiederspaltig

    Saat-Wucherblume

12   12*

2.6. Familie Kreuzblütengewächse

Diese Pflanzenfamilie umfaßt etwa 2000 Arten. Sie sind vor allem in den außertropischen Gebieten der Nordhalbkugel verbreitet. Die Vertreter sind meistens einjährige oder ausdauernde Kräuter. Viele von ihnen haben als Futter-, Gemüse-, Gewürz-, Öl- oder Zierpflanzen große Bedeutung. Beispiele für **Gemüse- und Futterpflanzen** sind die verschiedenen Formen des Kohls (Weiß-, Wirsing-, Rot-, Rosen-, Grün-, Blumenkohl), die Weiße Rübe, der Rettich, das Radieschen, für **Öl- und Gewürzpflanzen** sind Raps, Rübsen, Schwarzer und Weißer Senf, Merrettich bekannte Vertreter. Bekannte **Zierpflanzen** sind Goldlack, Levkoje, Schleifenblume, Blaukissen, Nachtviole.

Die Kreuzblütengewächse besitzen strahlige **Blüten** mit 4 Kelch- und 4 Kronblättern, 6 Staubblättern (2 kurze, 4 lange), die kreuzweise angeordnet sind, sowie 1 oberständigen Fruchtknoten, der aus 2 Fruchtblättern gebildet wird.

Die **Frucht** ist meistens eine Schote oder ein Schötchen. Die **Blätter** sind wechselständig angeordnet.

Blütenform   **Fruchtformen**

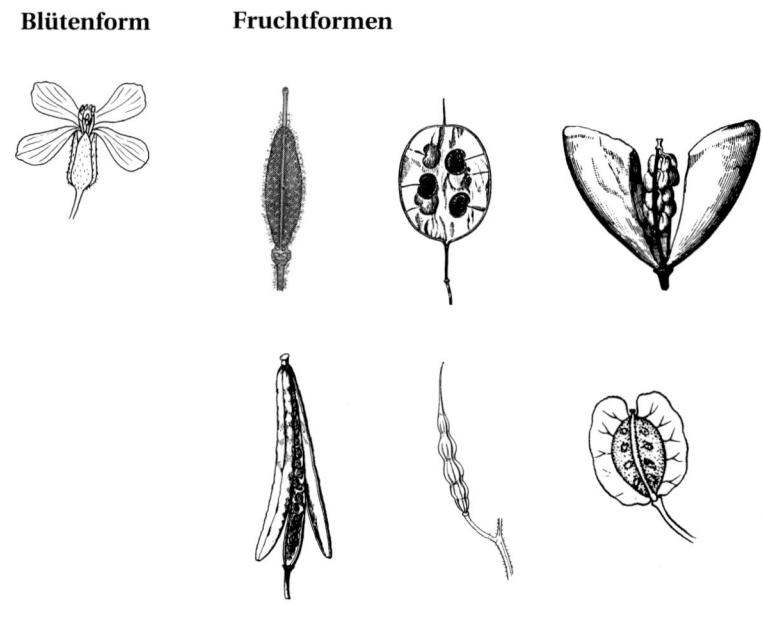

Einige Kreuzblütengewächse

1 · Frucht weniger als 3 mal so lang
wie breit (Schötchen)............ 2

1* · Frucht mehr als 3 mal so lang wie
breit (Schote).................. 8

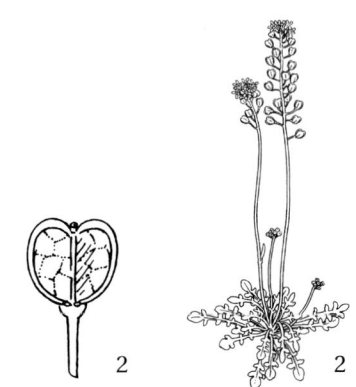

2 · Kronblätter verschieden groß

Bauernsenf
Blätter in grundständiger Rosette, Schötchen löffelförmig
gebogen, schmal geflügelt

2* · Kronblätter gleich groß.......... 3

2   2

3 · Kronblätter violett

Blaukissen
Blätter sitzend, meist behaart,
Schötchen kleiner als 1 cm,
nicht geflügelt,
Pflanze kleiner als 20 cm

3* · Kronblätter gelb, gelblichweiß
oder weiß 4

3

3

4 · Kronblätter weiß............... 5

4* · Kronblätter gelb oder gelblichweiß

Sumpfkresse
Schötchen kugelig bis länglich,
vielsamig, untere Blätter fiederspaltig oder gefiedert

4*

4*

Gemeine Sumpfkresse

5 · Kronblätter bis zur Mitte
gespalten, 2lappig

Frühlings-Hungerblümchen
Blätter als grundständige Rosette, Pflanze kleiner als 20 cm

5* · Kronblätter ungespalten 6

6 · Schötchen dreieckig bis verkehrt
herzförmig, ungeflügelt

Gemeines Hirtentäschel
Grundblätter kurzgestielt, Rosette bildend, Blätter stengelumfassend

6* · Schötchen rundlich-eiförmig 7

7 · Schötchen deutlich geflügelt,
Flügel oben tief eingeschnitten,
vielsamig

Acker-Hellerkraut

7* · Schötchen kaum oder nur an der
Spitze geflügelt, mit 2 Samen

Kresse

8 · Blätter alle ungeteilt, gestielt
oder sitzend .9

8* · Blätter mehr oder weniger geteilt 10

9 · Kronblätter goldgelb bis braun
und stark angenehm duftend
· Narben geteilt und nicht aneinanderliegend
· Pflanze graufilzig

Goldlack

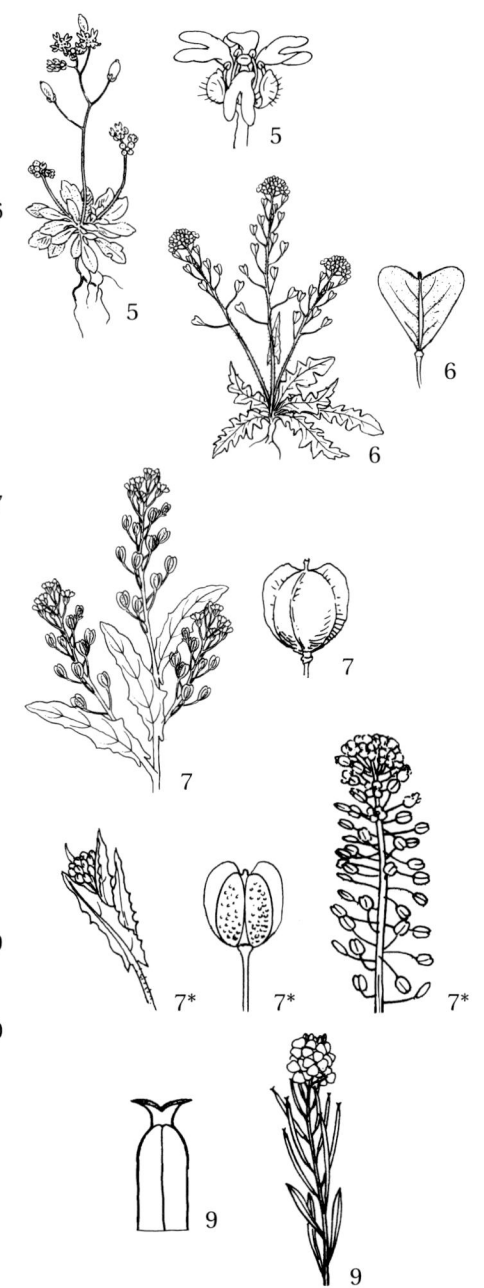

9* · Kronblätter rot bis rotviolett,
wohlriechend
· Narben geteilt und aneinanderliegend
· Pflanze grün

   Gemeine Nachtviole

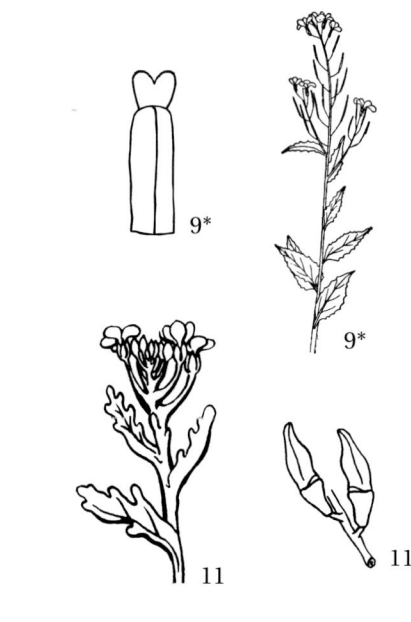

10 · Kronblätter rot, violett oder
weiß 11

10*· Kronblätter gelb oder gelblich-
weiß 13

11 · Blätter nicht aus getrennten
Blättchen, fiederteilig, zusammengesetzt, dickfleischig und
unbehaart

   Meersenf
   Kronblätter hellviolett,
   Schoten zweigliedrig,
   Strandpflanze

11*· Blätter gefiedert, gefingert, meist
aus völlig getrennten Blättchen
zusammengesetzt 12

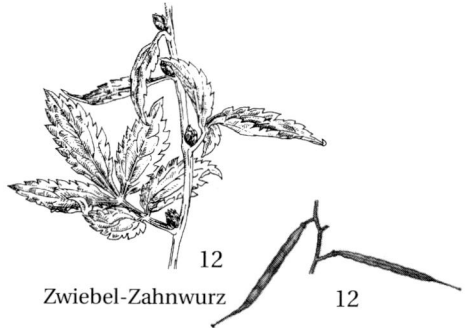

12 · Schoten mit verlängertem
Schnabel
· Blattachseln selten mit braunen
Zwiebeln (Brutknospen)

   Zahnwurz

Zwiebel-Zahnwurz

12*· Schoten sehr kurz geschnäbelt
· Blattachseln immer ohne Zwiebeln (Brutknospen)

   Schaumkraut (↗ S. 43)

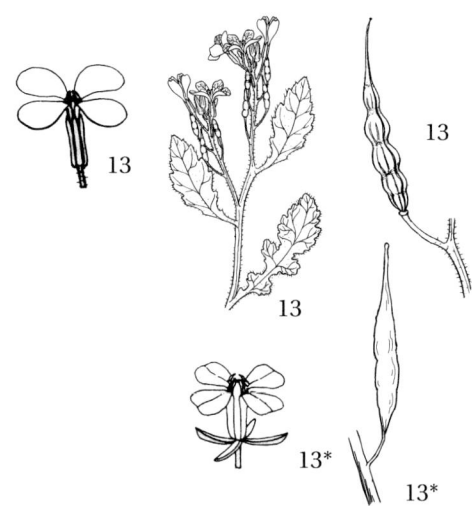

13 · Kelchblätter aufrecht, anliegend
· Schote stark gegliedert, perl-
schnurartig geschnürt (Glieder-
schote)

Acker-Hederich

13*· Kelchblätter abstehend
· Frucht kaum eingeschnürt

Acker-Senf

Bestimmungsschlüssel für die Gattung Schaumkraut (Auswahl)

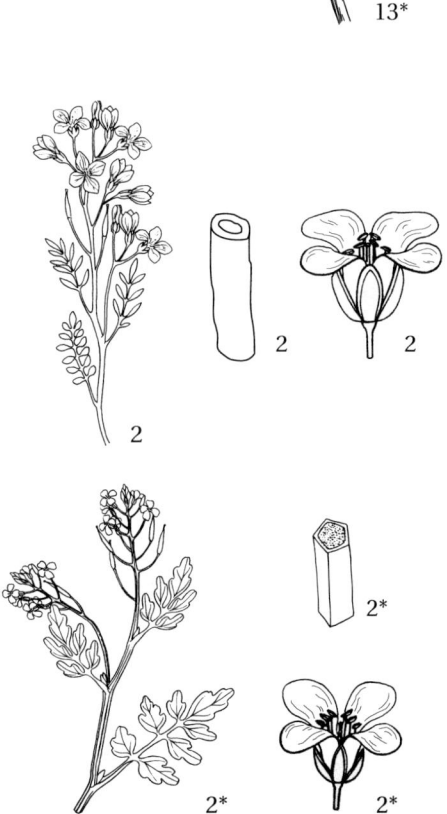

1 · Kronblätter rundlich bis eiförmig, größer als 1 cm ausgebreitet 2

1* · Kronblätter länglich, kleiner als
1 cm, aufrecht, manchmal
fehlend 3

2 · Stengel rund und hohl
· Staubblätter gelb
· Kronblätter blaßlila oder weiß

Wiesen-Schaumkraut
(Abb. S. 79)

2* · Stengel kantig und mit Mark aus-
gefüllt
· Staubblätter violett
· Kronblätter weiß

Bitteres Schaumkraut

3 · Blattstiele am Grunde mit pfeil-
förmigen Öhrchen

Spring-Schaumkraut

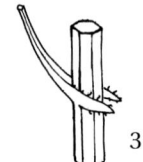

3* · Blattstiele am Grunde ohne Öhr-
chen. 4

4 · Blüten mit 4 Staubblättern

Viermänniges Schaumkraut
oder **Rauhhaariges Schaumkraut**

4* · Blüten mit 6 Staubblättern

Wald-Schaumkraut

2.7. Familie Liliengewächse

Zu dieser artenreichen Familie (insgesamt 3500 Arten) gehören **Zierpflanzen,** die in vielen Gärten und Anlagen anzutreffen sind (z.B. Tulpe, Traubenhyazinthe). Bekannt sind auch Maiglöckchen und Schattenblume, die man viel in Wäldern findet. Küchenzwiebel, Lauch und Spargel sind häufig angebaute **Nutzpflanzen.**
Die Familie gehört zu den **einkeimblättrigen Pflanzen.**
Die **Blätter** sind meist schmal-länglich und ganzrandig. Sie haben parallel verlaufende Blattnerven (Einkeimblättrige Pflanzen!).
Die **Blüten** sind strahlig gebaut. Sie bestehen aus 3 Kelchblättern und 3 Kronblättern, die sich aber in Form und Farbe gleichen, 6 Staubblättern und 1 großen, oberständigen Fruchtknoten, der 3 Fächer besitzt.
Der Fruchtknoten entwickelt sich zu einer **Kapsel** oder **Beere.**
Die meisten Liliengewächse sind **mehrjährige Pflanzen**, die eine Zwiebel, eine Knolle oder einen Wurzelstock besitzen.
Unter **Naturschutz** stehen u. a.: Lauch, Echte Schachblume, Tulpe, Zwerg-Hyazinthe, Lilie, Traubenhyazinthe.

Blattformen

Blütenformen

Früchte

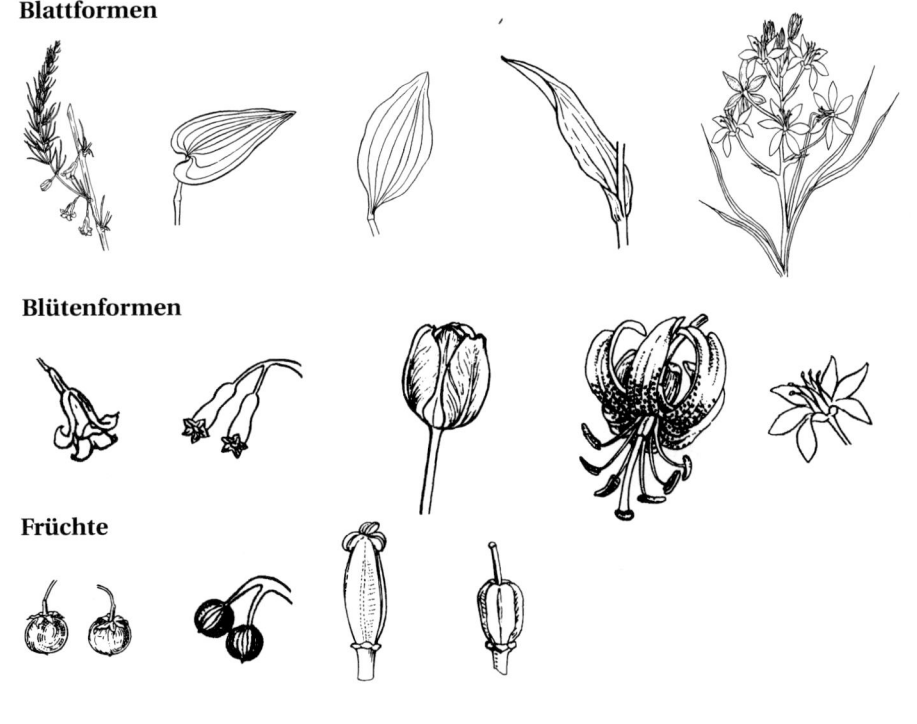

Einige Liliengewächse

1. · Pflanze mit haarfeinen, nadelför-
migen, grünen Trieben in den
Blattachseln
· Blätter schuppenförmig

Gemeiner Spargel
Blüte glockig, grünlich gelb,
Frucht eine rote Beere

1* · Pflanze ohne haarfeine, nadel-
förmige grüne Triebe in den
Blattachseln
· Blätter nicht schuppenförmig,
Blattfläche deutlich ausgebildet ... 2

2 · Stengel mit 2 wechselständigen
herzförmigen Blättern

Zweiblättrige Schattenblume
Blüten in Trauben, klein, weiß,
Frucht rote Beeren

2* · Stengel und Blätter anders ge-
staltet. 3

3 · Kronblätter verwachsen 4

3* · Kronblätter frei, nicht verwach-
sen 8

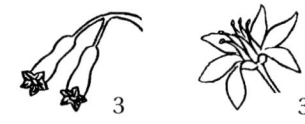

4 · Blüten blau

Traubenhyazinthe
Blüten glockenförmig, in dichten Trauben, **geschützt!**

4* · Blüten weiß oder gelblichweiß 5

5 · Stengel mit vielen Blättern
· Blüten gelblichweiß, einzeln
oder zu mehreren in den Blatt-
achseln 6

Weinbergs-
Traubenhyazinthe

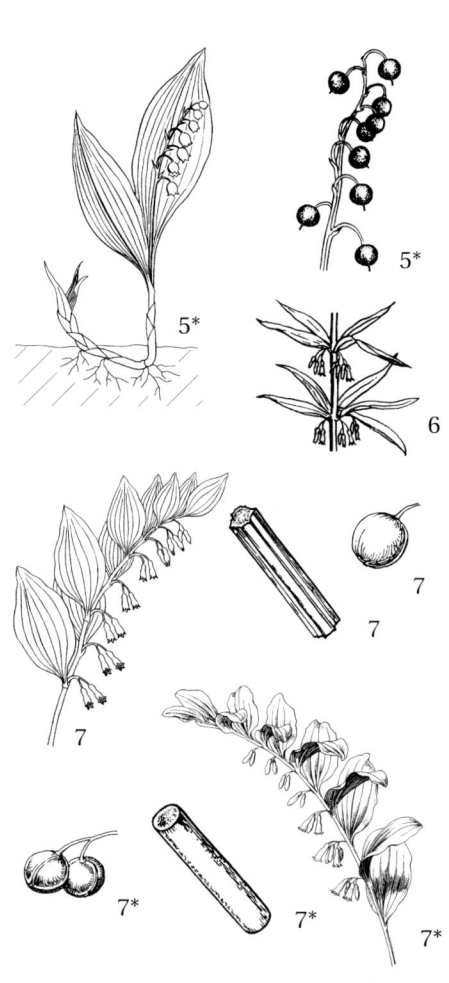

5* · Stengel mit 1 bis 3 Blättern
   · Blüten weiß, in Trauben, duftend

Maiglöckchen
Früchte rote Beeren

6 · Blätter quirlständig
  · Stengel aufrecht

Quirl-Weißwurz
Früchte blauschwarze Beeren

6* · Blätter wechselständig
   · Stengel bogig überhängend........7

7 · Stengel oben kantig
  · 1 bis 2 Blüten
  · Früchte violette Beeren
  · Blüten gelblichweiß, duftend

Duftende Weißwurz oder
Salomonsiegel

7* · Stengel rund
   · 3 bis 5 Blüten
   · Früchte dunkelblaue Beeren
   · Blüten gelblichweiß, geruchlos

Vielblütige Weißwurz

8 · Stengel mit einer Blüte am Ende
  des Stengels, gelb; bei Zierpflanzen in verschiedenen Farben,
  · Blätter breit, flach

Tulpe

8* · Stengel mit mehreren Blüten
   · Blätter anders gestaltet, meist
    schmallänglich..................9

Gartentulpe   Wilde Tulpe

9 · Blüten feuerrot mit braunen
Flecken

Feuer-Lilie
Blätter wechselständig, in den
Blattachseln oft Brutzwiebeln
Geschützt!

9* · Blüten rosa, blau, gelb oder
weiß 10

10 · Pflanze mit Zwiebelgeruch

Lauch
z.B. Knoblauch, Poree, Schnitt-
lauch, Zwiebel

10*· Pflanze ohne Zwiebelgeruch 11

11 · Blüten gelb

Goldstern

11*· Blüten blau oder weiß 12

12 · Blüten blau

Blaustern oder **Scilla**
Pflanze mit grundständigen
Blättern

12*· Blüten weiß 13

13 · Kronblätter der Blüte oberseits
weiß, unterseits grün
· Blätter mit weißem Mittelstreifen

Milchstern
Giftig, ganze Pflanze

13*· Kronblätter auf beiden Seiten
weiß
· Blätter ohne weißen Mittelstreifen

Graslilie (Abb. S. 78)

9

9

9

10

10
Bären-Lauch

11
Wald-Goldstern

12
Sibirischer
Blaustern

13
Dolden-Milchstern

Astlose Graslilie   13*

48

2.8. Familie Lippenblütengewächse

Zu dieser Familie gehören etwa 3000 Arten, vorwiegend krautige Pflanzen und Sträucher. Sie sind besonders in trockenwarmen Gebieten, wie dem Mittelmeerraum, beheimatet.

Der Gehalt an ätherischen Ölen (in Drüsen) bedingt die Verwendung mehrerer Arten als Küchenkräuter und Heilpflanzen. **Küchenkräuter** sind beispielsweise Majoran und Bohnenkraut. Zu den **Heilpflanzen** dieser Familie gehören u.a. Lavendel, Melisse, Thymian, Salbei, Minze, Rosmarin.

Zu erkennen sind die Lippenblütengewächse an grundlegenden Merkmalen. Sie besitzen deutlich 4-kantige **Stengel** oder **Zweige**. Die **Blätter** sind gekreuzt-gegenständig angeordnet. Die **Blüten** sind zweiseitig-symmetrisch. Von den 5 Kronblättern, die im unteren Teil zu einer Kronröhre verwachsen sind, sind im oberen Teil 2 zur Oberlippe und 3 zur Unterlippe verwachsen.

Der Fruchtknoten ist vierteilig. Er entwickelt sich zu **4 einsamigen Teilfrüchten.** Meistens sind 4 Staubblätter (2 längere, 2 kürzere) vorhanden. Auch die 5 Kelchblätter sind miteinander verwachsen.

Blütenformen Fruchtknoten Stengel

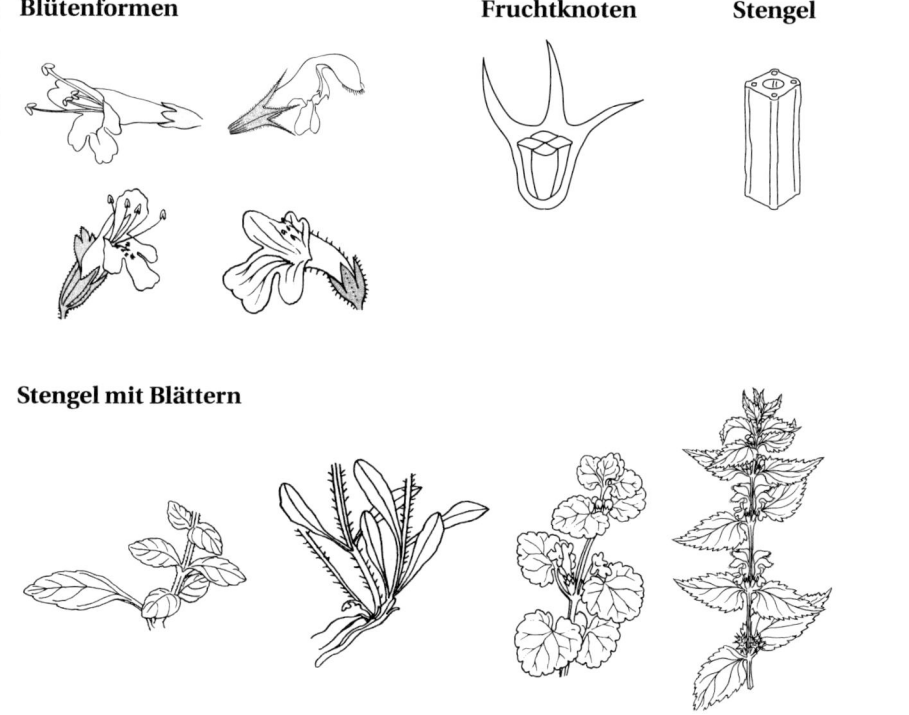

Stengel mit Blättern

Einige Lippenblütengewächse

1 · Krone scheinbar einlippig, Unterlippe mit 3 Lappen 2

1* · Krone deutlich zweilippig (Ober-
    und Unterlippe) 3

2 · Pflanze mit Ausläufern
  · Stengel und Blätter fast kahl oder
   kurzhaarig

Kriech-Günsel

2* · Pflanze ohne Ausläufer
   · Stengel und Blätter dicht behaart

Heide-Günsel

3 · Blüten mit 2 Staubblättern 4

3* · Blüten mit 4 Staubblättern (2 län-
    gere, 2 kürzere) 5

4 · Stengel am Grunde holzig
  · Blätter lanzettlich, schwach ge-
   kerbt, stengelständig
  · Blüten hellviolett

Echter Salbei

4* · Stengel am Grunde krautig
   · Blätter eiförmig zugespitzt, größ-
    tenteils grundständig
   · Blüten dunkelblau

Wiesen-Salbei

5 · Oberlippe der Blütenkrone
   flach.......................... 6

5* · Oberlippe der Blütenkrone
    helmartig gewölbt............... 7

50

6 · Staubblätter unter der Oberlippe
   herausragend
   · Kelch deutlich zweilippig
   · Blätter elliptisch bis rundlich,
   kleiner als 1 cm
   · Blüten hell- bis purpurrot, selten
   weiß

   Thymian

6* · Staubblätter nicht unter der
   Oberlippe herausragend
   · Kelchblätter gleichmäßig
   5zähnig
   · Blätter nierenförmig, gekerbt,
   größer als 1 cm
   · Blüten blau-violett

   Gundermann

7 · Kelch zweilippig, oberer Kelch-
   teil mit 3 Zähnen, unterer Kelch-
   teil mit 2 Zähnen
   · Blüten klein, blauviolett oder rötlich

   Braunelle

7* · Kelch gleichmäßig fünfzähnig
   (strahlig)
   · Blüten größer als 1 cm 8

8 · Seitenzipfel der Unterlippe der
   Krone spitz, klein oder fehlend
   · Unterlippe der Krone ohne Höcker

   Taubnessel (↗ S. 52)

8* · Seitenzipfel der Unterlippe der
   Krone stumpf und breit
   · Unterlippe der Krone mit 2 Hök-
   kern

   Hohlzahn

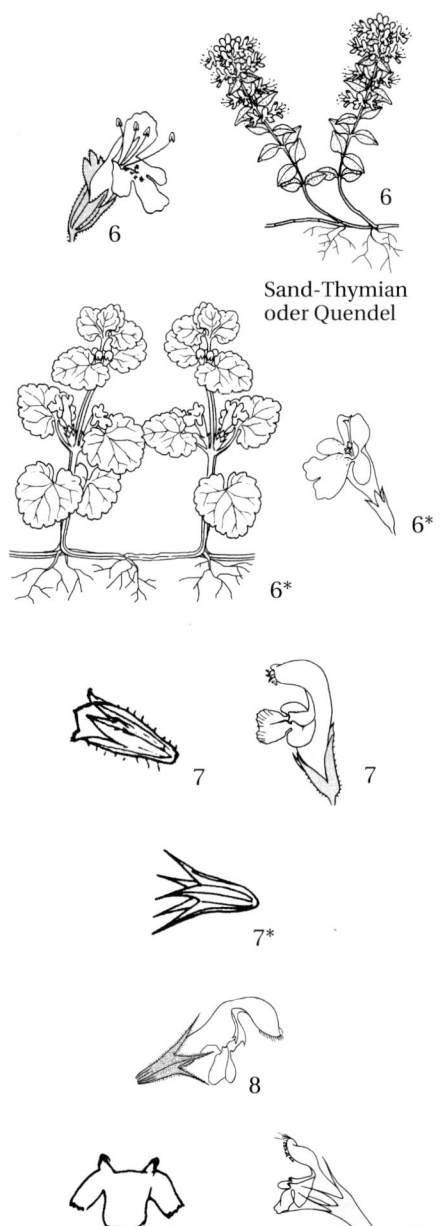

Sand-Thymian
oder Quendel

Bestimmungsschlüssel für die Gattung Taubnessel

1 · Kronblätter gelb, Unterlippe mit rötlichen Flecken

   Goldnessel

1* · Kronblätter weiß, rot oder rosa 2

2 · Kronblätter weiß

   Weiße Taubnessel

2* · Kronblätter rot oder rosa 3

3 · Kronröhre aufwärts gebogen

   Gefleckte Taubnessel
   Unterlippe dunkel gefleckt,
   Blüten rot

3* · Kronröhre gerade 4

4 · Obere Blätter stengelumfassend,
   untere Blätter gestielt und tief gekerbt

   **Stengelumfassende Taub-
   nessel**

4* · Obere Blätter gestielt oder fast
   sitzend, nie stengelumfassend 5

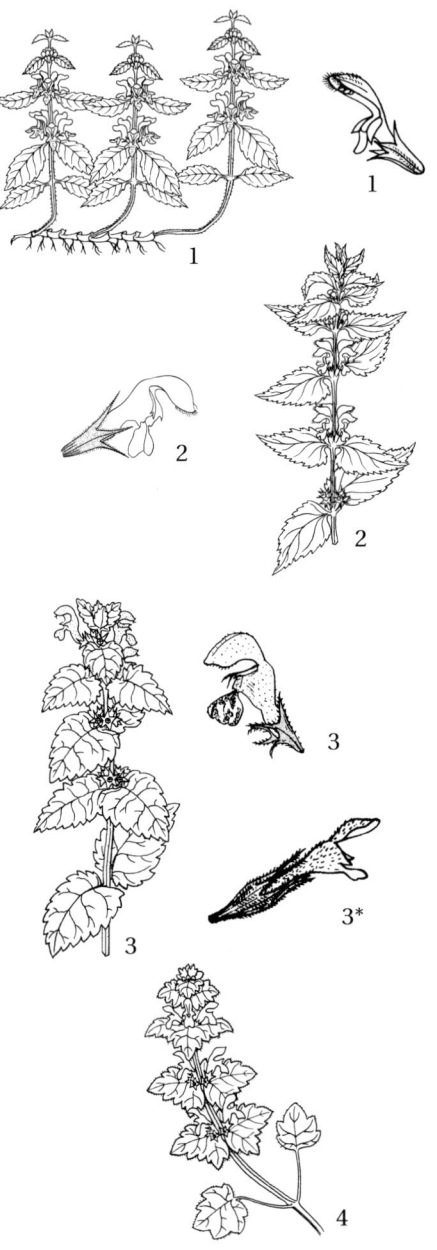

5 · Obere Blätter eiförmig bis dreiek-
   kig, untere Blätter rundlich, unregelmäßig gekerbt
   · Blattstiel der oberen Blätter nur
   wenig verbreitert

   Purpurrote Taubnessel
   Kronröhre innen am Grunde
   mit deutlichem Haarring

5

5* · Obere Blätter tief eingeschnitten
   · Blattstiel der obersten Blätter
   stark verbreitert

   Eingeschnittene Taubnessel

5*

2.9. Familie Rosengewächse

Zu dieser Familie gehören etwa 3000 Arten. Die Familie ist weltweit verbreitet, besonders viele Arten wachsen auf der nördlichen Halbkugel.

Die Rosengewächse sind Bäume, Sträucher und mehrjährige, selten einjährige Kräuter. Die Blüten sind sehr vielgestaltig, besonders der Blütengrund.

Zu dieser Familie gehören viele einheimische **Obstgehölze** (Apfel, Birne, Pflaume, Kirsche, Pfirsich, Aprikose, Quitte, Himbeere, Brombeere).

Zierpflanzen sind z.B. die Rosen.

Die **Blüten** bestehen aus einem meist 5blättrigen Kelch und meist 5 Kronblättern, die nicht verwachsen sind. Die Zahl der Staubblätter ist sehr unterschiedlich, es kommen oft viele Griffel vor, oft auch nur einer.

Die **Früchte** sind vielgestaltig. Es gibt Kapseln, Nüsse, Beeren, Steinfrüchte. Oft sind Teile des Blütenbodens an der Fruchtbildung beteiligt.

Blütenformen

Blattformen

Fruchtformen

Einige Rosengewächse

1 · Bäume und Sträucher 2

1* · Krautige Pflanzen mit biegsamen
Sproßachsen 3

2 · Sehr viele Griffel in einem krug-
förmigen Blütenboden
· Pflanze mit Stacheln

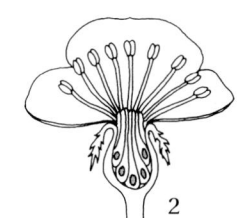

    Rose

2* · 1 bis 5 Griffel im Blütenboden
· Pflanze ohne Stacheln, manchmal holzige Dornen (Bestimmungsschlüssel Obstbäume
↗ S. 57)

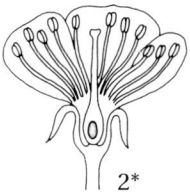
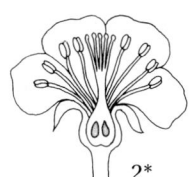

3 · Blüten in dichten kugeligen, wal-
zen- oder eiförmigen bräunlichen oder grünlichen Köpfen

    Wiesenknopf (↗ S. 59)
    Blätter gefiedert

3* · Blüten nicht in dichten Köpfen 4

4 · Blüten nur aus Kelchblättern bestehend, ohne Kronblätter, Kelch
gelbgrün, aus 4 größeren inneren
und 4 kleineren äußeren Kelchblättern

Großer Wiesenknopf

    Frauenmantel
    Blätter rundlich, mit 5 bis 13
    Blattlappen

4* · Blüten mit Kelchblättern und
meist auffallend gefärbten Kron-
blättern 5

5 · Blüten mit 8 oder 10 Kelchblät-
tern 6

Gemeiner Frauenmantel

5* · Blüten mit 4 oder 5 (6) Kelchblättern 9

6 · Kronblätter braunrot, spitz, kleiner als die inneren dunkelroten Kelchblätter

Blutauge
Blätter gefiedert

6* · Kronblätter rötlichgelb, gelb oder weiß, rundlich oder vorn ausgerandet 7

7 · Grundblätter gefiedert, das Fiederblättchen an der Spitze auffallend groß

Nelkenwurz (↗ S. 59)

7* · Alle Blätter gefingert, dreizählig oder gefiedert, Fiederblättchen an der Spitze nicht auffällig groß 8

8 · Kronblätter gelb
· Blätter gefingert oder gefiedert
· Kleine bräunliche Früchte (Nüßchen)

Fingerkraut (↗ S. 59)

8* · Kronblätter weiß
· Blätter dreizählig
· Rote, fleischige Früchte

Erdbeere (Abb. S. 80)

9 · Blätter mit Nebenblättern, unterbrochen gefiedert
· Blüten gelblich-weiß, in schirmartigen Rispen

Mädesüß

Gänse-
Fingerkraut

Blutwurz

Wald-Erdbeere

Echtes Mädesüß

9* · Blätter ohne Nebenblätter,
2- bis 3fach dreizählig
· Blüten in schmalen Ähren, gelblich-weiß

Wald-Geißbart

9*

9*

Obstbäume als Rosengewächse

1 · 1 Griffel in Blütenboden eingesenkt
· Früchte mit fleischiger Frucht-
hülle und 1 Stein 2

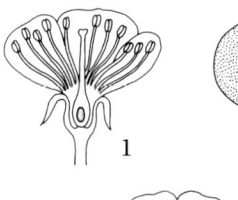

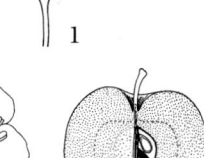

1*· 2 bis 5 Griffel
· Frucht eine apfel- oder birnenförmige Scheinfrucht mit Kern-
gehäuse 6

1   1

2 · 3 bis viele Blüten in einem Blütenstand
· Fruchtknoten kahl

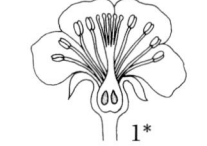

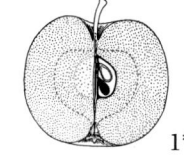

1*   1*

Kirsche

2* · Blüten einzeln oder 2 zusammen
· Fruchtknoten behaart oder kahl . . . 3

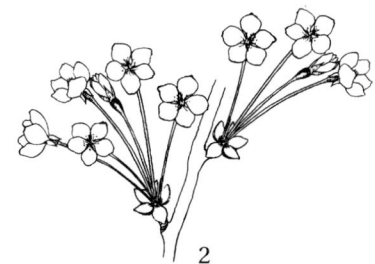

3 · Blüten deutlich gestielt
· Fruchtknoten und Frucht kahl 4

3* · Blüten und Früchte ohne Stiel
oder mit ganz kurzem Stiel
· Fruchtknoten und Frucht be-
haart 5

2
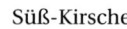
Süß-Kirsche

4 · Sparriger, stark dorniger Strauch
· Blätter 2 bis 5 cm lang
· Blüten klein, weiß, Kronblätter
bis 6 mm lang
· Frucht kugelförmig, blau

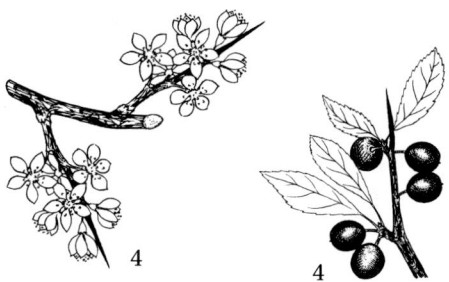

Schlehe

4   4

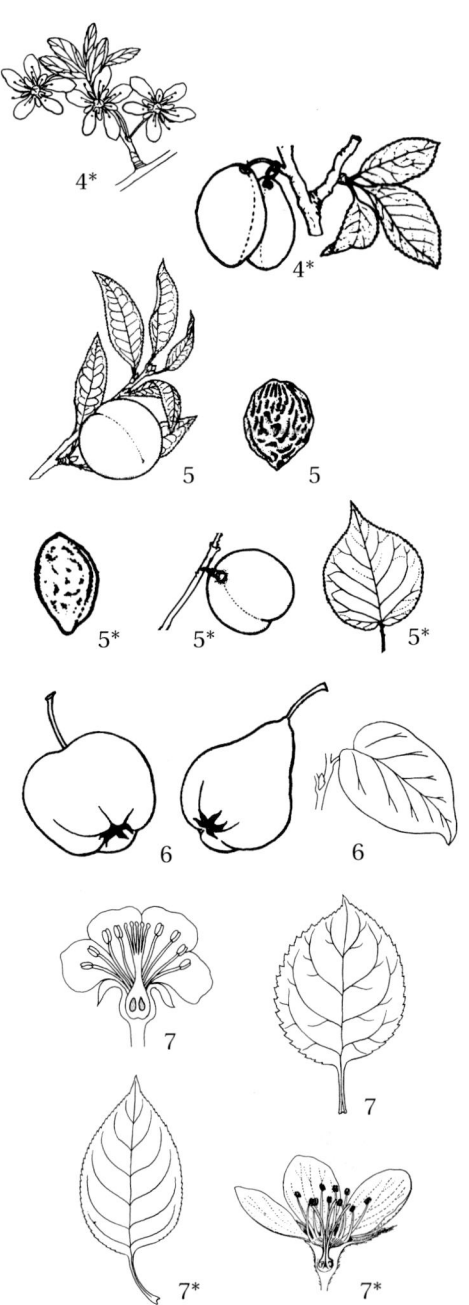

4* · Dornenloser oder schwach dor-
niger Baum
· Blätter etwa 8 cm lang
· Kronblätter länger als 6 mm
· Frucht eiförmig

Pflaume

5 · Blätter lanzettlich
· Blüten kräftig rosa
· Steinkern gefurcht

Pfirsich

5* · Blätter herzeiförmig, vorn zuge-
spitzt
· Blüte blaßrosa bis weiß
· Steinkern glatt, scharfkantig

Aprikose

6 · Blätter ganzrandig
· Blüten einzeln, rosa, Staubblätter violett

Quitte
Apfel- oder birnenförmige
Frucht

6* · Blätter gesägt oder gezähnt
· Blüten zu mehreren in einem
Blütenstand 7

7 · Staubbeutel gelb
· Griffel am Grunde verwachsen

Apfel

7* · Staubbeutel rot
· Griffel am Grunde nicht verwachsen

Birne

Einfache Bestimmungsschlüssel für Arten einiger Gattungen

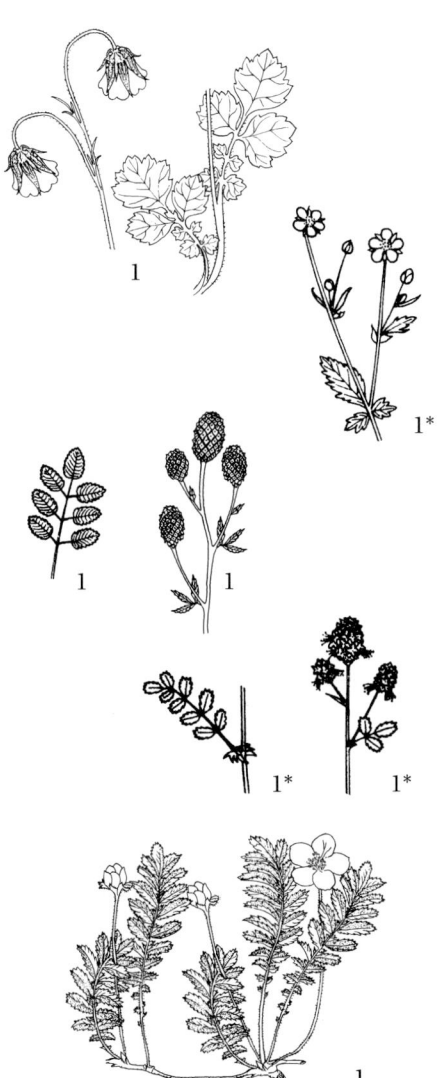

Gattung Nelkenwurz

1 · Kronblätter außen rötlich, innen gelb
· Blüten nickend

Bach-Nelkenwurz

1* · Kronblätter gelb
· Blüten aufrecht

Echte Nelkenwurz

Gattung Wiesenknopf

1 · Blütenköpfe ei- bis walzenförmig
· Blüten dunkelbraun

Großer Wiesenknopf

1* · Blütenköpfe fast kugelig
· Blüten anfangs grün, später rötlich

Kleiner Wiesenknopf

Gattung Fingerkraut

1 · Blätter unterbrochen gefiedert mit 7 bis 12 Fiederpaaren

Gänse-Fingerkraut

1* · Blätter gefingert oder dreizählig. . . . 2

2 · Blüten mit 4 Kronblättern

Blutwurz
Blätter dreizählig, dazu zwei
Nebenblätter, Stengel liegend
bis aufrecht

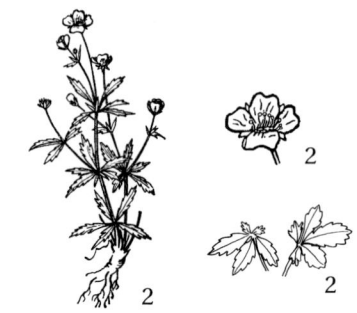

2* · Blüten mit 5 Kronblättern 3

3 · Alle Stengel rankenartig kriechend, an den Knoten bilden
sich Wurzeln
· Stengel unverzweigt

Kriechendes Fingerkaurt

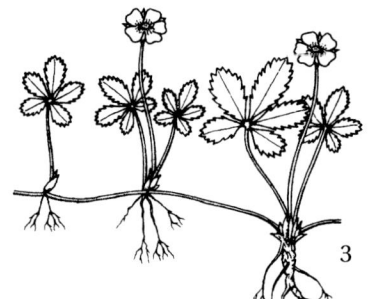

3* · Stengel aufrecht oder liegend,
bildet keine Wurzeln
· Stengel verzweigt 4

4 · Blätter 5- bis 7zählig gefingert
· Teilblättchen länglich, Blattrand
gesägt

Frühlings-Fingerkraut
Stengel und Blätter mit aufrecht abstehenden Haaren

4* · Blätter 5- bis 9zählig gefingert
· Teilblättchen fiederspaltig

Silber-Fingerkraut
Blattunterseite weißfilzig

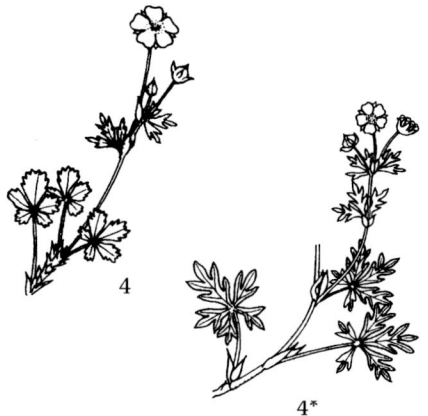

2.10. Familie Schmetterlingsblütengewächse

Zu den Schmetterlingsblütengewächsen gehören viele bekannte **Nutzpflanzen** (z.B. Erbse, Bohne, Klee) und **Zierpflanzen** (z.B. Besenginster, Lupine).

Die Pflanzen haben eine charakteristische **Blüte,** die an einen Schmetterling erinnert. Sie besteht aus 5 Kelchblättern, 5 sehr unterschiedlich gestalteten Kronblättern, der Fahne, zwei Flügeln und zwei gleichgestalteten Kronblättern, die zusammen das Schiffchen bilden. Das Schiffchen umschließt meist die insgesamt 10 Staubblätter und den länglichen Fruchtknoten mit einer Narbe.

Die **Frucht** ist eine Hülse; sie hat keine Mittelwand. Wenn sie reif ist, klaffen die beiden Schalen auseinander und lassen die Samen frei.

Die **Blätter** sind oft zusammengesetzt und haben zum Teil Ranken (z.B. Erbse). Sie sind gefiedert oder 3zählig mit Nebenblättern und sind wechselständig angeordnet.

Die meisten bei uns vorkommenden Arten sind **Kräuter**. Es gibt aber auch **Bäume** und **Sträucher**.

Schmetterlingsgewächse bevorzugen trockene und mäßig feuchte Standorte. Im Wasser kommen sie nicht vor. Weltweit gehören etwa 10 000 Arten zu dieser Familie.

Blattformen

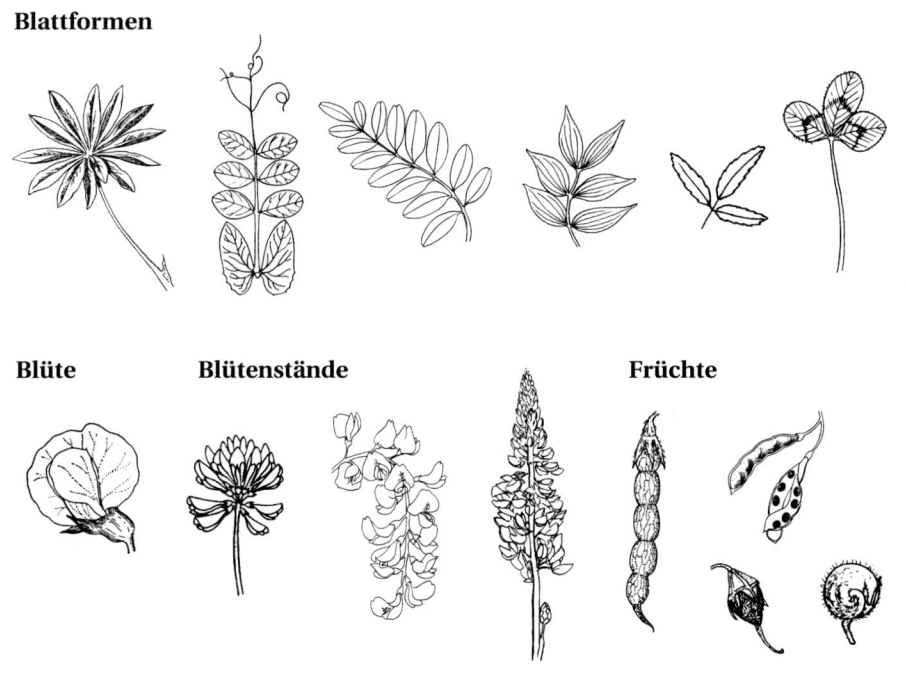

Blüte   **Blütenstände**   **Früchte**

Einige Schmetterlingsblütengewächse

1 · Holzgewächse: Baum oder
   Strauch 2

1* · Krautige Pflanze 4

2 · Baum

   Weiße Robinie oder **Falsche
   Akazie**
   Giftig! Blätter gefiedert, oft
   Dornen, Blüten weiß, in hängenden Trauben und duftend

2* · Strauch 3

3 · Obere Blätter klein, einfach, untere dreizählig
   · Blüten gelb, einzeln oder zu 2 an
   den Zweigen

   Gelber Besenginster
   Strauch mit langen, aufrecht
   wachsenden Zweigen, Zweige
   grün, kantig

3* · Blätter gefiedert
   · Blüten gelb, zu 1 bis 3 in den
   Blattachseln

   Gemeiner Erbsenstrauch

4 · Blätter gefingert 5

4* · Blätter dreizählig oder gefiedert . . . 6

5 · Blüten violett, selten weiß
   · Blätter 10- bis 15zählig gefingert

   Vielblättrige Lupine

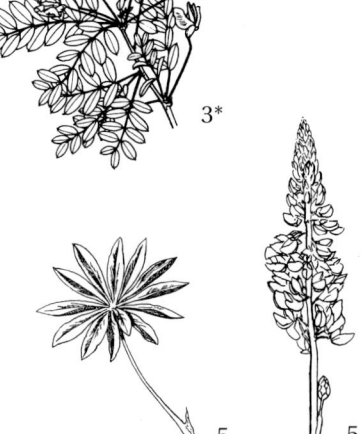

5* · Blüten gelb
   · Blätter fünf- bis neunzählig gefingert

    Gelbe Lupine

6 · Blätter gefiedert 7

6* · Blätter dreizählig 11

5*   5*

7 · Blätter paarig gefiedert 8

7* · Blätter unpaarig gefiedert 9

8 · Nebenblätter am Blattgrund
   meist größer als die Fiederblättchen des Blattes
   · Blüten weiß

    Garten-Erbse

8

8* · Nebenblätter am Blattgrund klei-
    ner als die Fiederblättchen des
    Blattes
    · Blüten gelb, rot oder rötlich,
    selten weiß

    Platterbse

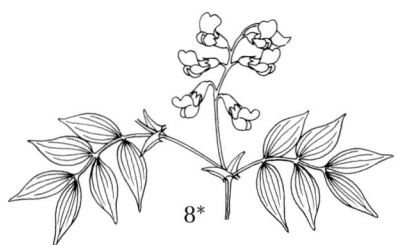

8*

Frühlings-Platterbse

9 · Endblättchen des Blattes größer
   als die anderen Fiederblättchen
   · Blüten goldgelb, selten rötlich,
   im Köpfchen
   · Blütenköpfe von fingerförmigen
   Deckblättern umgeben.

    Gemeiner Wundklee

9* · Endblättchen des Blattes so groß
    wie die anderen Fieder-
    blättchen 10

9

10 · Blüten gelb, außen rötlich, in
Blattachseln
· Hülsen walzenförmig, ungeglie-
dert
· Unteres Fiederblättchenpaar
dicht am Stengel

Hornklee

10*· Blüten rosa
· Hülsen walzenförmig, gegliedert
· Unteres Fiederblättchenpaar
nicht dicht am Stengel

Serradella

11 · Blüten in Köpfchen, Kronblätter
der Blüten gelb, rot oder weiß

Klee

11*· Blüten in Trauben 12

12 · Blüten in langen schmalen und
lockeren Trauben
· Kronblätter der Blüten weiß oder
gelb
· Frucht eiförmig

Steinklee

12*· Blüten in kurzen Trauben
· Kronblätter der Blüten gelb, blau
oder violett
· Frucht nierenförmig, sichelförmig oder schneckenförmig

Luzerne oder **Schneckenklee**

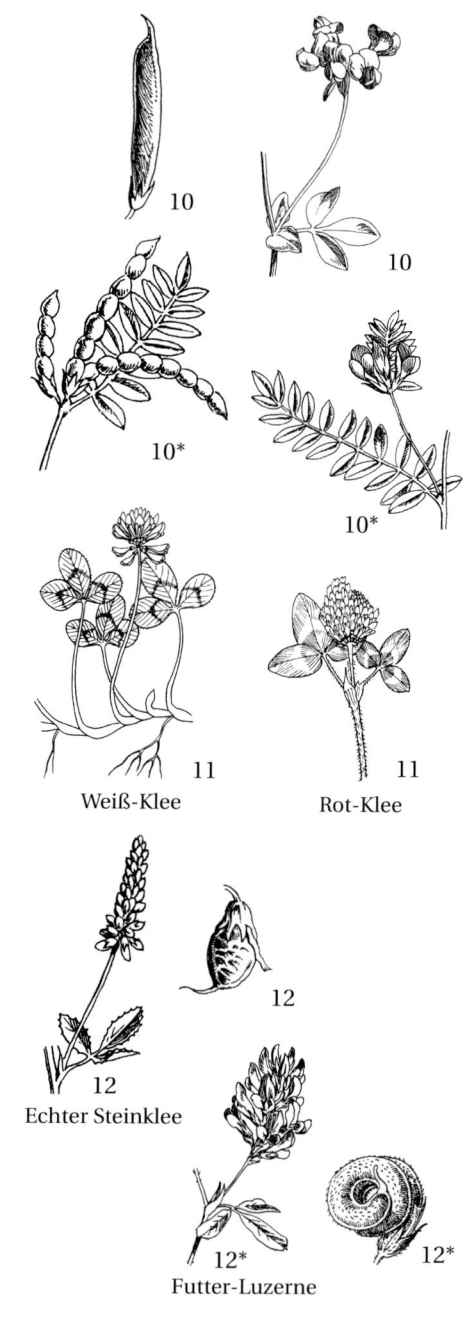

Weiß-Klee · Rot-Klee · Echter Steinklee · Futter-Luzerne

3. Ausgewählte Moose, Farnpflanzen, Flechten

3.1. Ausgewählte Moose

Großes Haarmützenmoos
(Goldenes Frauenhaar, Widertonmoos)

Die Pflanze hat 10 cm bis 40 cm lange aufrechte, meist unverzweigte *Stämmchen*, die
einen lockeren *dunkel- bis blaugrünen Rasen* bilden. Die 8 mm bis 12 mm langen li-
near-lanzettlichen *Blättchen* sind spiralig
angeordnet (bei Feuchtigkeit gerade abstehend, bei Trockenheit anliegend) und besitzen eine braune Spitze. Die vierkantige,
gelb- bis rotbraun gefärbte *Sporenkapsel*
sitzt auf einem 6 cm bis 12 cm langen,
gelbroten Stiel. Sie wird von einem flachen
Deckel mit kurzem Schnabel geschlossen.
Eine goldgelbe Haube bedeckt die ganze
Kapsel.
   Vorkommen: verbreitet, auf feuchten
   Wald- und Heideböden; bevorzugt sauren Boden

Sumpf-Torfmoos

Die Pflanze hat 10 cm bis 25 cm lange, kräf-
tige und aufrechte *Stämmchen,* die im unteren Bereich quirlig verzweigt sind und
eine schopfige Spitze besitzen. Sie bilden
einen *schwammig-weichen, meist blaßgrü-
nen Rasen.* Die *Blättchen* sind spiralig und
dachziegelartig angeordnet, breit eiförmig
gestaltet und an der Spitze abgerundet. Die
kugelige, schwarzbraune *Sporenkapsel* sitzt
auf einem 1 cm langen Stiel, der aus dem
Schopf bzw. aus den ersten Quirlen des
Stämmchens entspringt.
   Vorkommen: häufig, in schattigen und
   feuchten Nadelwäldern, Mooren und
   Bruchwäldern; bevorzugt sauren Boden

65

Weißmoos (Ordenskissen)

Die Pflanze hat 5 cm bis 15 cm lange aufrechte, gabelig bis büschelig verzweigte
Stämmchen, die *dichte weißgrüne Polster*
bilden. Die 3 mm bis 5 mm langen, lanzettlichen und an der Spitze röhrigen *Blättchen*
sind spiralig angeordnet.
Die sehr kleine (bis 2 mm) dunkelbraun
glänzende *Sporenkapsel* sitzt auf einem
3 cm bis 7 cm langen Stiel.
  Vorkommen: häufig, in feuchten Laub-
  misch- und Fichtenwäldern; bevorzugt
  sauren Boden

Breitblättriges Sternmoos

Die Pflanze bildet aus 4 cm bis 8 cm langen,
meist niederliegenden grünen und *un-*
fruchtbaren (sterilen) Stämmchen, die am
Grunde rostfarben und filzig sind, einen
lockeren Rasen.
Die breit-eiförmigen *Blättchen* sind meist
zweireihig angeordnet und umwachsen
am Grunde das Stämmchen. Sie sind ganzrandig oder wenig gezähnt und besitzen
eine breite grüne Blattrippe.
Die *fruchtbaren Stämmchen* sind aufrecht,
tragen einen Schopf von Blättchen, aus deren Mitte mehrere *rötliche Sporenträger*
mit je einer eiförmigen, gelben *Sporenkap-*
sel entspringen.
  Vorkommen: verbreitet, an feuchten und
  schattigen Stellen in Wäldern, Sümpfen,
  an Bächen

Welliges Katharinenmoos
(Wellenblättriges Kahlmützenmoos)

Die Pflanze hat aufrechte, 2 cm bis 8 cm lange, meist unverzweigte *Stämmchen,* die ein *lockeres dunkelgrünes* Polster bilden. Die spiralig angeordneten *Blättchen* sind 5 mm bis 8 mm lang, zungenförmig und zugespitzt, bei Feuchtigkeit abstehend und stark querwellig, bei Trockenheit kraus. Die zylindrische, 4 mm bis 5 mm lange rotbraune *Sporenkapsel* sitzt auf einem 2 cm bis 5 cm langen roten Stiel. Sie ist schwach geneigt und besitzt einen langgeschnäbelten Deckel.

    Vorkommen: verbreitet, in Laubmischwäldern; bevorzugt schwach basischen bis schwach sauren lehmigen Boden

Drehmoos

Die Pflanze hat kurze (1 - 2 cm), meist unverzweigte oder gabelig verzweigte *Stämmchen,* die ein dichtes, *hellgrünes,* oft sehr *großflächiges Polster* bilden. Die oval-lanzettlichen und kurz zugespitzten *Blättchen* sind spiralig angeordnet.
Aus der Spitze des Stämmchens entspringt ein gelblicher, schwanenhalsartig gekrümmter und verdrehter, 3 cm bis 5 cm langer Stiel, der eine schief birnenförmige, geneigte oder hängende, gelblich bis rote, längsgefurchte *Sporenkapsel* trägt.

    Vorkommen: häufig, an Mauern, in Pflasterritzen, auf alten Feuerstellen im Wald

Brunnenlebermoos

Die Pflanzen sind nicht in Stämmchen und
Blättchen gegliedert. Sie bestehen aus 1 cm
bis 2 cm breiten und 5 cm bis 20 cm langen
dunkelgrünen Lappen, die gabelig verzweigt, gefeldert und am Rande oft gewellt
sind.
Auf der Oberseite befinden sich häufig
Brutbecher mit zahlreichen Brutkörperchen
zur ungeschlechtlichen Fortpflanzung und
Vermehrung.
Die weiblichen *Geschlechtsorgane* sitzen in
gestielten schirmgestellartigen Trägern. Die
gestielten Träger für die männlichen Geschlechtsorgane sind achtlappige, schild-
förmige Scheiben.
  Vorkommen: verbreitet, an feuchten
  Standorten wie Bachrändern, Gestein,
  Sumpfwiesen, Ruderalstellen

Muschellebermoos (Großes Schiefmundmoos, Geldbeutelmoos)

Die Pflanze hat 5 cm bis 20 cm lange reich-
verzweigte kriechende oder aufsteigende
Stengel, die einen *lockeren gelblichen* bis
dunkelgrünen Rasen bilden.
Die von den kriechenden Stengeln aufsteigenden *Stengelteile* sind 5 cm bis 10 cm
lang, meist unverzweigt oder gegabelt. Sie
besitzen zweiseitig angeordnete, schräg ge-
stellte, ovale, durch das Umrollen des Blatt-
randes muschelförmig aussehende *Blättchen.* Aus der Spitze des aufsteigenden
Stengels entspringt aus einer kelchförmi-
gen Hülle ein 1 cm bis 2 cm langer heller
Stiel, auf dem eine kugelige bis eiförmige,
mit Klappen aufspringende braune *Sporenkapsel* sitzt.
  Vorkommen: verbreitet, auf feuchten
  und schattigen Waldböden

3.2. Ausgewählte Farne

Adlerfarn

Größte einheimische Art, wird 50 cm bis 200 cm hoch. Die *Blätter* entwickeln sich einzeln aus dem Wurzelstock. Sie sind im Umriß dreieckig, sehr groß, steif und derb, hellgrün, kaum behaart, 2 bis 4 fach gefiedert und an der Spitze bogig überhängend. Die *Fiederblättchen* der letzten Ordnung sind schmal und länglich, ganzrandig. Bei sporenkapseltragenden Blättern sind die Fiederblättchen rundlich eingerollt und über die *Sporenkapselhäufchen* geschlagen. Diese sind in einer zusammenhängenden Linie längs des umgeschlagenen Randes angeordnet.

Vorkommen: häufig und meist auch bestandsbildend in Laubmisch- und Kiefernwäldern, an Waldrändern; bevorzugt sauren, sandigen Boden

Gemeiner Tüpfelfarn

Pflanze ist 10 cm bis 50 cm hoch mit einzeln am Wurzelstock erscheinenden *Blättern.* Diese sind im Umriß schmaldreieckig, tieffiederteilig, lederartig fest, kahl, Oberseite kräftig grün, Unterseite heller. *Fiederteile* sind länglich, ganzrandig oder schwach gesägt, wechselständig. Die *Sporenkapseln* sind auf der Unterseite der Fiedern im oberen Blattbereich in großen, runden Häufchen in 2 Reihen angelegt.

Vorkommen: häufig in Laubmischwäldern, auch an schattigen Mauern und Felsen sowie auf Baumstümpfen; bevorzugt sauren Boden

Königs-Rispenfarn (Königsfarn)

Pflanze wird 50 cm bis 160 cm hoch, besitzt mehrere *Blätter.* Diese sind im Umriß oval bis länglich-eiförmig, sehr groß, kahl, zartwandig, hellgrün und 2fach gefiedert.
Die *Fiederblättchen* (2. Ordnung) sind länglich, vorne abgerundet, ganzrandig oder schwach gesägt.
Fiederblättchen des oberen Blattabschnittes bzw. ganze Blätter bilden sich zu *Sporenkapselträgern* um, indem die Fiederblattspreiten schwinden und nur die mit Sporenkapselhäufchen bedeckten Blattnerven erhalten bleiben.
   Vorkommen: verstreut, in feuchten schattigen Wäldern, Erlenbrüchen, Moorwäldern und Sumpfgebüschen; bevorzugt sauren Boden; steht unter Naturschutz

Gemeiner Frauenfarn

Pflanze 30 cm bis 150 cm hoch mit mehreren in einer Rosette angeordneten aufrechten oder bogig überhängenden *Blättern.* Diese sind im Umriß länglich-elliptisch, zugespitzt, gelblich grün bis hellgrün, 2- bis 3fach gefiedert. Die Fiederblätter (1. Ordnung) sind wechselständig an der Blattspindel angeordnet, laufen in eine feine Spitze aus. Die Fiederblättchen (2. Ordnung) sitzen auf der Fiederachse, sie sind weiter gefiedert (3. Ordnung). Diese Fiederblättchen sind spitz gesägt und aufwärts gekrümmt.
Die großen länglichen, komma- oder hufeisenförmig gebogenen *Sporenkapselhäufchen* sind auf der Unterseite der Fiederblättchen in 2 Reihen angeordnet.
   Vorkommen: häufig, in krautreichen Laub- und Nadelwäldern; bevorzugt kalkarmen, mäßig-sauren Boden

Gemeiner Wurmfarn

Pflanze bis 120 cm hoch mit am Wurzelstock in Rosetten angebrachten *Blättern*. Diese sind im Umriß breit-lanzettlich, gelbgrün bis dunkelgrün, ziemlich derb, meist 2fach gefiedert.
Die *Fiederblätter* (1. Ordnung) sind wechselständig an der Blattspindel angeordnet. Die Fiederblättchen (2. Ordnung) sind meist am Grunde miteinander verwachsen, elliptisch, kerbig bis grob gezähnt.
Die großen rundlichen *Sporenkapselhäufchen* sind in 2 Reihen auf der Unterseite jedes Fiederblättchens angeordnet, aber nicht bis zur Fiederspitze reichend.
   Vorkommen: weitverbreitet und häufig in krautreichen Wäldern; bevorzugt nährstoffreichen Boden

Braunstieliger Streifenfarn

Zierliche Pflanze mit 10 cm bis 30 cm langen *Blättern*, die im Büschel am gestauchten Wurzelstock stehen. Sie sind nur einfach gefiedert. Der kurze, feste Blattstiel und die Blattspindel sind rotbraun bis schwarzglänzend. Die grau- bis dunkelgrünen *Fiederblättchen* sind gegenständig angeordnet, oval bis rundlich, sehr kurz gestielt, nur grob gekerbt. Sie fallen oft vom Stiel ab; duften beim Zerreiben schwach aromatisch. Auf der Fiederblättchenunterseite befinden sich längliche *Sporenkapselhäufchen*.
   Vorkommen: verbreitet, besiedelt Mauern und Felsen

Mauerraute (Mauer-Streifenfarn)

Die Pflanze besitzt 5 cm bis 20 cm lange, in Büscheln stehende, derbe, grau- bis dunkelgrüne, biegsame *Blätter,* deren Blattstiel am Grunde braun ist. Die Blätter sind im Umriß dreieckig bis rhombisch, 2- bis 3fach gefiedert.Die *Fiederblätter* (1. Ordnung) sitzen beidseitig an der Blattspindel. Die Endfiederblättchen (2. und 3. Ordnung) sind rhombenförmig, am Grunde keilförmig verschmälert, vorne fein gekerbt oder gezähnt.
Auf der Unterseite der Fiederblättchen befinden sich langliche, schmale oder streifenförmige *Sporenkapselhäufchen.*
　Vorkommen: verbreitet und häufig, besiedelt Mauern und Felsen; bevorzugt kalkhaltigen Untergrund

Hirschzunge

Pflanze wird 15 cm bis 50 cm hoch. Die *Blätter* stehen in Büscheln, sind kurzgestielt und meist aufrecht stehend. Sie sind hell- bis dunkelgrün, lederartig und glänzend, besitzen eine ungeteilte zungenförmige, vorne verschmälerte ganzrandige Blattspreite. Die *Sporenkapselhäufchen* auf der Unterseite der Blattspreite sind in schmalen, oft unterschiedlich langen Streifen entlang der Seitennerven angeordnet.
　Vorkommen: nicht häufig, in schattigen Schluchtwäldern mit Ahorn und Esche; bevorzugt kalkhaltigen Boden

3.3. Ausgewählte Schachtelhalme

Acker-Schachtelhalm (Zinnkraut)

Die Pflanze wird bis 30 cm hoch. Die *fruchtbaren (fertilen) Stengel* sind gelblich-braun bis rötlich-braun gefärbt, unverzweigt und aufrecht, schwach gefurcht. Sie werden von meist 5 aufeinanderfolgenden Scheiden mit 6 bis 16 dunkelbraunen Zähnen gegliedert. Am Ende der fruchtbaren Stengel befindet sich eine 2 bis 3,5 cm lange „Sporenähre", in der sich die Sporenkapseln befinden. Die *unfruchtbaren Stengel* sind meist aufrecht, kräftig grün, deutlich gerippt, schacheltartig gegliedert. Sie treiben an den Stengelknoten rauhe, quirlständig angeordnete 4- bis 5kantige Äste aus.

    Vorkommen: häufig, verbreitet, auf Äkkern, an Wegrändern, an Gräben; bevorzugt lehmhaltigen Boden

Wald-Schachtelhalm

Die Pflanze wird bis 50 cm hoch. Die *unfruchtbaren (sterilen) Stengel* sind aufrecht, hellgrün oder glänzend schwarzbraun, deutlich gerippt, wirken zartgliedrig. An den Stengelknoten entwickeln sich unterhalb der 2,5 cm langen, unten grün- und oben braungefärbten und gelappten Scheiden quirlständig angeordnete Äste. Die Äste sind noch ein- bis zweimal quirlig verzweigt, dünn und hängen bogig nach unten. Die *fruchtbaren (fertilen) Stengel* sind anfänglich bleich und astlos, tragen am Ende eine „Sporenähre", in der sich die Sporenkapseln befinden. Nach der Sporenreife ergrünen die Stengel und bilden ebenfalls an den Knoten verzweigte überhängende Äste.

    Vorkommen: verbreitet, in schattigen und feuchten Wäldern, bevorzugt kalkarmen und sickernassen Boden

Wiesen-Schachtelhalm

Die Pflanze wird 15 cm bis 40 cm hoch. Sie bildet unfruchtbare (sterile) und fruchtbare (fertile) Stengel aus.

Die *unfruchtbaren Stengel* sind aufrecht, kräftig grün und deutlich gerippt. An jedem Knoten befindet sich eine etwa 1 cm lange, bläulich-grüne Scheide mit zahlreichen Zähnen sowie ein meist unverzweigter Astquirl, der absteht oder leicht überhängt.

Die *fruchtbaren Stengel* besitzen trichterförmige, etwa 1,5 cm lange Scheiden, die am Ende die „Sporenähre" tragen, in der sich die Sporenkapseln befinden.

Nach der Sporenreife werden an den Knoten ebenfalls quirlständig angeordnete Äste ausgebildet.

 Vorkommen: zerstreut, an feuchten,
  schattigen Waldrändern, auf Wiesen

Teich-Schachtelhalm

Die Pflanze wird bis 150 cm hoch. Sie bildet unfruchtbare (sterile) und fruchtbare (fertile) Stengel aus, die gleichgestaltet sind. Die *Stengel* sind aufrecht, ziemlich glatt, nur leicht gerillt, nur wenig weißlich-längsstreifig, oft rund und röhrig, astlos oder mit zahlreichen Astquirlen versehen. Die Stengelscheiden sind enganliegend, grün mit 15 bis 30 schwarzen, weißhäutig berandeten Zähnchen.

Die *fruchtbaren Stengel* tragen am Ende eine kurzgestielte und kegelförmige „Sporenähre", in der sich die Sporenkapseln befinden.

 Vorkommen: verbreitet, in Röhrichten,
  an Sumpf- und Teichufern, in Gräben

3.4. Ausgewählte Flechten

Wand-Gelbflechte *(Xanthoria parietina; Blattflechte, Familie Gelbflechten)*

Sie besitzt einen bis 10 cm breiten goldgelben bis organgegelben Körper (*Thallus*). Die *Randlappen* sind am Ende 1 mm bis 5 mm breit und abgerundet. In der Mitte des Thallus sind zahlreiche schlüsselförmige *Fruchtkörper* mit krausem Rand und dunkelgelber Scheibe, in denen sich die Sporen befinden.

    Vorkommen: verbreitet; an Mauern und Felsen, auf Holz, an Rinden von Bäumen

Pflaumenflechte *(Everia prunastri; Strauchflechte, Familie Bartflechten)*

Sie besitzt einen bis 10 cm hohen strauchartigen Körper (*Thallus*). Dieser ist auf der Oberseite grau- bis gelbgrün, auf der Unterseite weißlich.

    Vorkommen: verbreitet; auf Sträuchern, an Bäumen, auf altem Holz

Landkartenflechte *(Rhizocarpon geographicum; Krustenflechte, Familie Napfflechten)*

Sie besitzt einen gelbgrünen bis intensiv gelbgefärbten Körper *(Thallus)*, der durch Risse in kleine (bis 2 mm große) Felder aufgeteilt ist. Zwischen den Thallusfeldern und in ihnen befinden sich eingesenkt zahlreiche schwarze rundliche *Fruchtkörper*, die Sporen enthalten.

    Vorkommen: weit verbreitet, auf Gesteinsblöcken

Kuchenflechte *(Lecanora conizaeoides; Krustenflechte, Familie Kuchenflechten)*

Sie besitzt einen krustenförmigen, graugrünen, dicken Körper (*Thallus*), der oft großflächige Überzüge bildet. Der Thallus ist in körnige Felder „zerklüftet". Die *Fruchtkörper* sind grünlich mit dicken graugrünen bis bräunlichen Rändern.

  Vorkommen: weitverbreitet; auf Bäumen, auf Holz (als eine der häufigsten „Rindenflechten" ist sie ein Bioindikator in den Städten und Industrieregionen)

Einseitswendige Rentierflechte *(Cladonia arbuscula oder C. sylvatica; Strauchflechte, Familie Strauchflechten)*

Sie besitzt einen bis 6 cm hohen strauchförmigen, gelbgrünen bis weißlichgrauen Körper (*Thallus*). Die Verzweigungen des *Thallus* sind sehr dicht stehend, nach einer Seite gebogen (einseitswendig) und an den Spitzen meist 3- bis 4fach geteilt. Besonders die Spitzen schmecken bitter

  Vorkommen: verbreitet; in Heiden, Mooren, Rasen, Wäldern

Islandflechte oder „Isländisches Moos" *(Cetraria islandica; Strauchflechte, Familie Moosflechten)*

Sie besitzt einen bis 8 cm hohen strauchförmigen Körper (*Thallus*), dessen Verzweigungen reichästig und meist regelmäßig gegabelt sind.

  Vorkommen: in Heiden, Mooren, Kiefernwäldern

4. Ausgewählte Sträucher und Bäume

Einige Sträucher

1 · Sproß aufrecht, nicht windend
oder kletternd 7

1* · Sproß windend oder kletternd 2

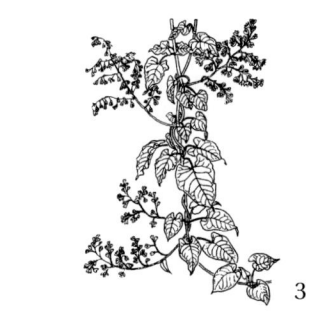

3

2 · Sproß windend 3

2* · Sproß mit Ranken oder Haftwur-
zeln kletternd 4

3 · Zweige und Blätter glatt
· Kleine weiße Blüten, in Rispen

Silberregen

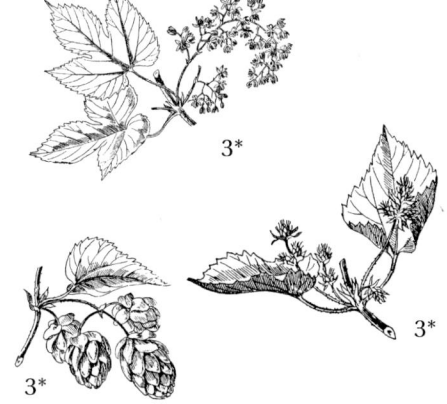

3*

3* · Zweige und Blätter mit Kletterhaken
· Weibliche gelblichgrüne Blüten
in ährigen Blütenständen,
männliche grüne Blüten in her-
abhängenden Rispen, die in
Blattachseln entspringen

3*

Hopfen

3*

4 · Blätter ungeteilt, im Schatten
immer 3zipflig
· Mit Haftwurzeln an Unterlage
kriechend oder kletternd

Efeu

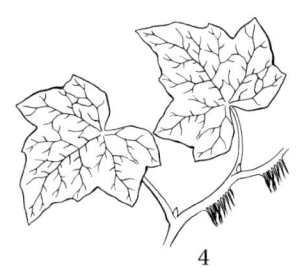

4* · Blätter gefiedert, gefingert oder
gelappt
· Mit Blättern rankend 5

4

5 · Blätter in 3 – 5 Fiederblättchen
       geteilt
     · Mit rankenden Blattstielen klet-
       ternd

   Gemeine Waldrebe
   (Abb. S. 80)

5* · Blätter gefingert oder gelappt
    · Mit Blattranken und Haftschei-
      ben kletternd 6

5

6 · Blätter 3lappig

   Dreilappige Zaunrebe

6* · Blätter 5- bis 7zählig gefingert

   Fünfblättrige Zaunrebe oder
   Wilder Wein

6

7 · Sproß mit Stacheln und
       Dornen 8

7* · Sproß ohne Stacheln und
       Dornen 12

8 · Sproß mit Dornen. 9

8* · Sproß mit Stacheln. 11

6*

9 · Blattfläche ungeteilt
     · Blüten schneeweiß oder gelb 10

9* · Blattfläche gelappt oder gefiedert
     · Blüten weiß bis rosa

   Weißdorn
   Erbsengroße rote Früchte,
   steinhart

9*

10 · In den Blattachseln 3teilige Dornen
 · Blüten gelb
 · Korallenrote Beeren

Berberitze

10*· Seitenzweige in Dornen endend
 · Blüten immer schneeweiß
 · Blau bereifte Steinfrüchte

Schwarzdorn oder **Schlehe**
Blüht bereits vor der Laubentfaltung

11 · Blätter 3zählig, unterseits mit kleinen Haken
 · Kronblätter weiß
 · Frucht schwarz, blau bereift

Kratzbeere

11*· Blätter unpaarig gefiedert, unterseits weißfilzig
 · Kronblätter weiß
 · Frucht rot

Himbeere

12 · Blätter am Rand stachlig gezähnt
 · Blätter immergrün 18

12*· Blätter am Rand nicht stachlig gezähnt
 · Blätter meist sommergrün 13

13 · Blätter ungeteilt 14

13*· Blätter gefiedert 17

14 · Blätter ganzrandig 15

14*· Blätter gesägt 16

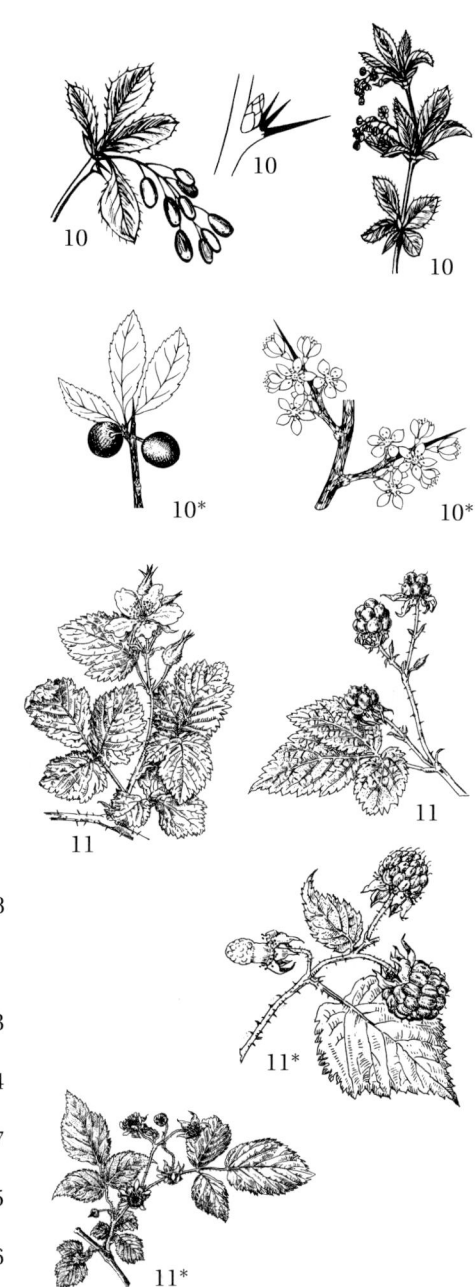

15 · Blätter ei- bis herzförmig
 · Blüten 4zählig, wohlriechend

Flieder
Kapselfrucht

15*· Blätter länglich, lanzettlich
 · Blüten 4zählig, unangenehm riechend

Liguster
Früchte schwarze Beeren

16 · Blätter unterseits blaugrün
 silbrig
 · Zweige immer braun, z.T. silbrig
 überhaucht
 · Nußfrucht in blattartiger Hülle

Hasel

16*· Blätter beiderseits grün
 · Zweige grün, im Herbst rot ver-
 färbend
 · Früchte blauschwarze Beeren

Blutroter Hartriegel

17 · Blüten gelblich-weiß, stark duftend
 · Blütenstände schirmartig ausgebreitet
 · Früchte schwarze Beeren mit
 dunkelrotem Saft

Schwarzer Holunder

17*· Blüten grünlich-gelb, kaum duf-
 tend
 · Blütenstände eiförmige Rispen
 · Früchte leuchtendrote Beeren

Roter Holunder, Trauben- oder
Berg-Holunder (Abb. S. 80)

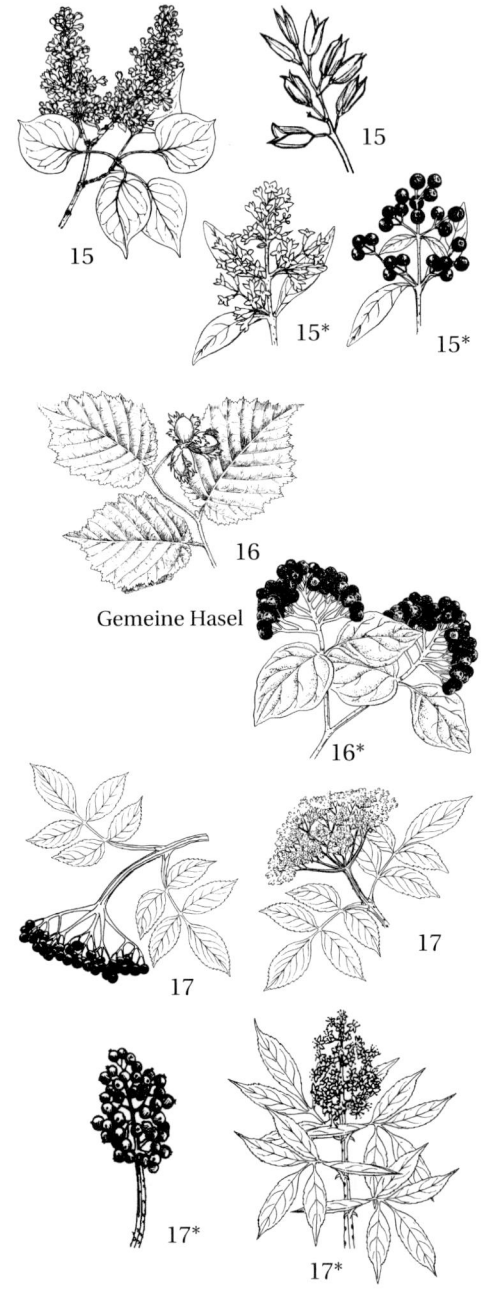

15

15

15*

15*

Gemeine Hasel

16

16*

17

17

17*

17*

18 · Blätter ungeteilt
   · Pflanze bis 6 m hoch
   · Rote Steinfrüchte

   **Stechpalme
   Geschützt!**

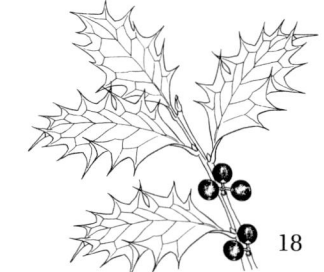

18

18*· Blätter unpaarig gefiedert
   · Pflanze höchstens 1,50 m hoch
   · Blaue bereifte Beerenfrüchte

   Mahonie

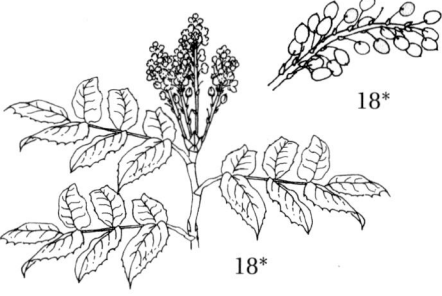

18*

Einige Bäume

1 · Blätter in Einzelblättchen gefiedert oder gefingert...............2

1* · Blätter nicht in Einzelblättchen
   unterteilt 6

2 · Blätter gefiedert
   · Früchte Hülsen oder Flügelnüsse..........................3

2* · Blätter gefingert
   · Früchte in stachligen grünen
   Schalen

   Roßkastanie

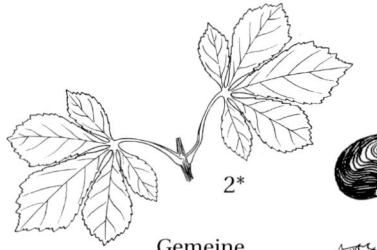

2*

2*

Gemeine
Roßkastanie

2*

3 · Blätter in weniger als 9 Fiederblättchen geteilt
   · Früchte Flügelnüsse

   Eschen-Ahorn

3* · Blätter in 9 bis 17 Fiederblättchen geteilt
   · Früchte Hülsen oder Beeren.......4

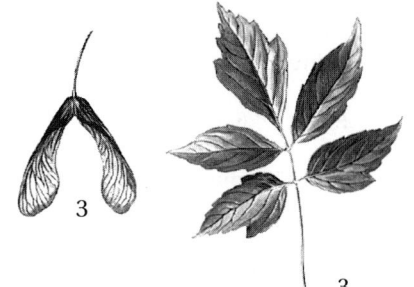

3

3

4 · Blätter mit Blattdornen am Blattgrund
· Früchte Hülsen

Robinie oder **Falsche Akazie**
Blüten in hängenden Trauben

4* · Blätter ohne Blattdornen am
Blattgrund
· Früchte Flügelnüsse oder Bee-
ren 5

5 · Blüten gelbweiß
· Früchte rote Beeren

Eberesche oder **Vogelbeere**

5* · Blüten unscheinbar
· Früchte Flügelnüsse

Gemeine Esche
Schon vor der Blattentfaltung
blühend

6 · Blattfläche in sich ungeteilt 8

6* · Blattfläche gebuchtet oder ge-
lappt 7

7 · Blätter gelappt
· Früchte Flügelnüsse

Ahorn (↗ S. 87)

7* · Blattfläche gebuchtet
· Früchte in Bechern

Eiche (↗ S. 88)

8 · Blätter eiförmig oder
lanzettlich. 9

8* · Blätter rundlich, mehr oder weniger zugespitzt. 10

4

4

5

5*

5*

7

7

Spitz-Ahorn

7*

Stiel-Eiche

7*

9 · Blätter eiförmig
· Blattrand geschweift, anfangs
weichhaarig-bewimpert

Rot-Buche

9* · Blätter lanzettlich
· Blattrand kahl

Weide
Blüten u. Früchte in Kätzchen

10 · Blätter kleiner als 3,5 cm
· Blätter sehr zugespitzt

Birke

10*· Blätter größer als 3,5 cm
· Blätter herzförmig, Spitze nur
kurz abgesetzt.................11

11 · Blätter deutlich herzförmig,
weich
· Früchte einfache Flügelnüsse

Linde

11*· Blätter wenig herzförmig,
ledrig hart
· Früchte hellbraune Kapseln,
Samen mit silberweißen Flug-
haaren

Pappel

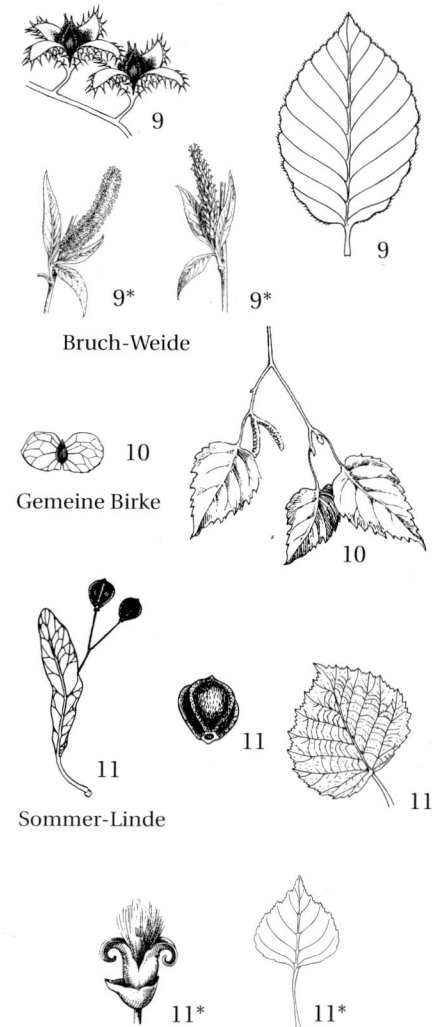

Bruch-Weide

Gemeine Birke

Sommer-Linde

Schwarz-Pappel

Einfache Bestimmungsschlüssel für Arten einiger Gattungen

Gattung Ahorn

1 · 3 bis 7 Blattlappen mit runden
Blatteinschnitten
· Doppelte Flügelnüsse waage-
recht oder im stumpfen Winkel 2

1* · Immer 5 Blattlappen mit spitzen
Blatteinschnitten
· Doppelte Flügelnüsse im spitzen
Winkel

Berg-Ahorn

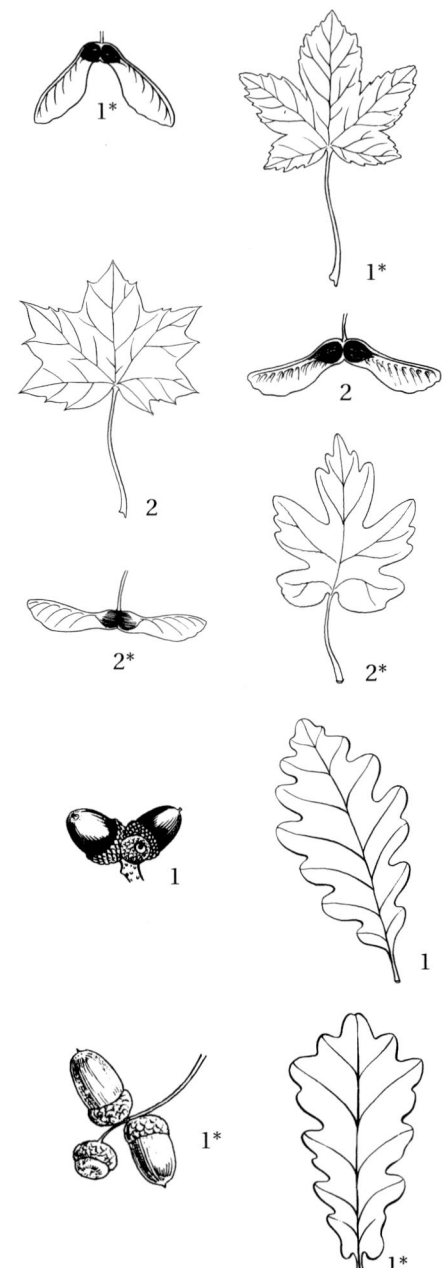

2 · Blätter mit spitzen Zähnen und
runden Blatteinschnitten
· Doppelte Flügelnüsse im stumpfen Winkel

Spitz-Ahorn

2* · Blätter nicht mit spitzen Zähnen,
aber mit wenig abgerundeten
Blatteinschnitten
· Doppelte Flügelnüsse waagerecht

Feld-Ahorn

Gattung Eiche

1 · Blätter langgestielt, mit keilförmigem Grund
· Früchte fast ungestielt in Trauben

Trauben-Eiche oder
Winter-Eiche

1* · Blätter kurzgestielt, mit herzförmig-zweilappigem Grund
· Früchte an langen Stielen

Stiel-Eiche oder
Sommer-Eiche

Einige Bäume im Winter

1 · Knospen ohne Schuppen, hellbraun filzig, Endknospe nicht
oder wenig größer als die Seiten-
knospen
· Zweige grau bis violettbraun mit
hellen Punkten

Faulbaum

1* · Knospen mit Schuppen
bedeckt 2

2 · Knospen gestielt, länglich bis eiförmig, braun bis violett

Schwarz-Erle
Zweige mit Kätzchen und verholzten Zäpfchen

2* · Knospen nicht gestielt 3

3 · Schuppen kahl, glatt und trok-
ken 4

3* · Schuppen harzig, klebrig oder
behaart 11

4 · Knospen nur mit einer Knospenschuppe bedeckt, klein
(bis 1 cm)

Weiden
Knospenschuppe leicht ab-
ziehbar, darunter liegen seidi-
ge Haare

4* · Knospen mit mehr als einer
Knospenschuppe bedeckt 5

5 · Zweige rutenförmig biegsam 6

5* · Zweige steif und fest 7

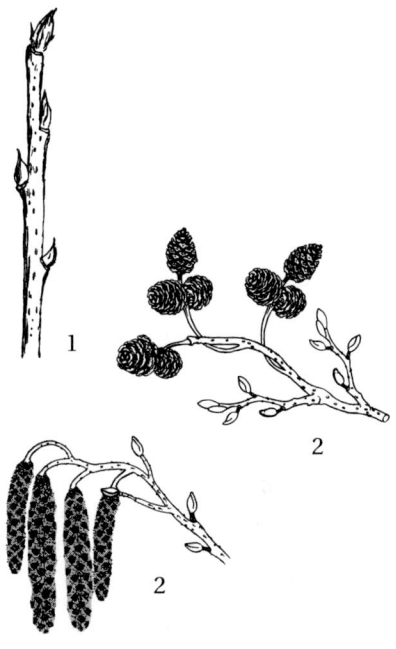

6 · Zweige weiß von schwarzer
Borke unterbrochen, meist mit
hellen Wachsdrüsen besetzt

Gemeine Birke oder **Hänge-
birke**

6* · Zweige rotbraun bis schwarz, mit
waagerechten hellen Streifen
(Ringelborke)

Späte Traubenkirsche

7 · Knospen am Zweigende gehäuft

Eichen (↗ S. 95)

7* · Knospen am Zweigende nicht
gehäuft 8

8 · Knospen grünlich bis braun
· Nußfrüchte geflügelt 9

8* · Knospen dunkelfarbig
· Nußfrüchte auch geflügelt 10

9 · Nußfrüchte einflügelig

Linden (↗ S. 95)

9* · Nußfrüchte zweiflügelig

Feld-Ahorn

10 · Knospen dunkelrotbraun
· Nußfrüchte zweiflügelig im
stumpfen Winkel

Spitz-Ahorn

10* · Knospen tiefschwarz
· Einsamige Nüßchen zungenför-
mig-geflügelt

Gemeine Esche

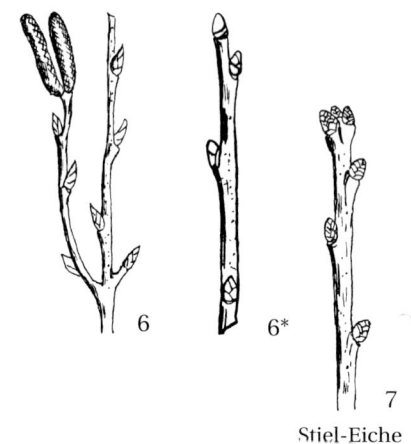

6   6*

7

Stiel-Eiche

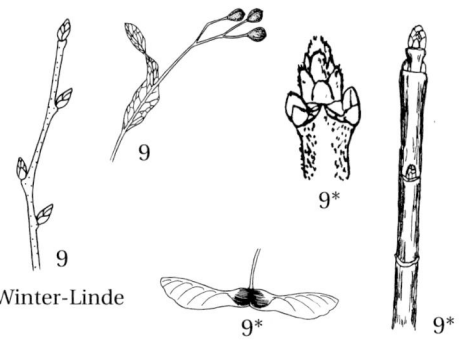

9

9*

9

Winter-Linde

9*   9*

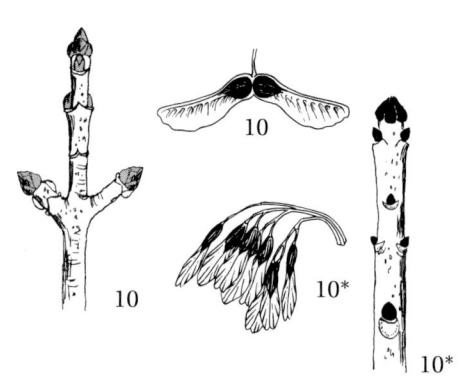

10

10

10*

10   10*

10*

11 · Knospen harzig, klebrig 12

11*· Knospen behaart 13

12 · Knospen kräftig duftend, Blütenknospen am Zweig verteilt, abstehend, zurückgebogen

   Schwarz-Pappel

12*· Knospen nicht duftend, über
schildförmigen Blattstielnarben,
auffallend große Endknospen

   Gemeine Roßkastanie

13 · Knospen schwarz-violett, ungefähr 10 mm, weiß behaart
· Zweige rotbraun, oft schwarz
überhaucht

   Eberesche oder **Vogelbeere**

13*· Knospen hellbraun bis zimtfar-
ben, ungefähr 20 mm, zugespitzt
· Zweige silbergrau mit glatter
Borke

   Rot-Buche
   Blütenknospen dick und silbrig glänzend

12   12*

13

13*

Einige Sträucher im Winter

1 · Sproß kletternd oder windend 2

1* · Sproß nicht kletternd oder nicht
windend. 5

2 · Sproß windend. 4

2* · Sproß nicht windend, sondern kletternd mit Haftwurzeln oder Haftscheiben an den Blattranken 3

3   · Kletternd mit Haftwurzeln
    · Auch im Winter mit Blättern

  Efeu

3* · Kletternd mit Haftscheiben an den Blattranken
    · Im Winter ohne Blätter

    Fünfblättrige Zaunrebe oder **Wilder Wein**
    Knospen kegelförmig, hellbraun, Blattnarbe groß, fast kreisförmig

4   · Sproß glatt mit dicht wollig behaarten Knospen
    · Früchte mit Flugeinrichtung

    Gemeine Waldrebe
    (Abb. S. 80)

4* · Sproß mit kleinen Kletterhaken
    · Früchte in zapfenförmigen Fruchtständen

    Gemeiner Hopfen

5   · Äste und Zweige ohne Dornen 6

5* · Äste und Zweige mit Dornen 12

6   · Knospen mit kleinen Stielchen, ei-kugelförmig, braun

    Hasel
    Oft mit männlichen Kätzchen

6* · Knospen nicht gestielt 7

7 · Knospen bewimpert oder mit
Knospenschuppen bedeckt........8

7* · Knospen scheinbar ohne Schuppen, grünlich bis bräunlich........9

8 · Knospen mit Schuppen
bedeckt.........................10

8* · Knospen bewimpert oder behaart...........................11

9 · Zweige gelblichgrau bis hellgrau
mit rostfarbenen Warzendrüsen
und schneeweißem Mark
· Knospen grün, oft rötlich überlaufen

Schwarzer Holunder

9

9*

9* · Zweige blutrot bis violett
· Knospen gleichförmig, schmal
kegelig, angedrückt

Blutroter Hartriegel oder **Gemeiner Hartriegel**

10 · Knospen länglich spitz, hellbraun bis ockerfarben
· Zweige durch Korkleisten kantig,
braun, mit Warzen

Forsythia

10

10* · Knospen spitz und dick, mit grünen bis braunen Schuppen bedeckt, am Rücken scharf gekielt
· Zweige glatt

Flieder

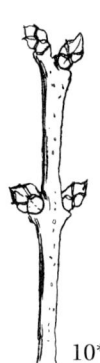

10*

11 · Knospen seidig bewimpert, eiförmig, grün bis rotbraun

Liguster
Oft noch mit grünen bis violet-
ten lanzettlichen Blättern

11*· Knospen weiß-wollig behaart,
stumpf-eiförmig, bräunlich bis
zart violett

Spierstrauch oder **Spiraea**

12 · Zweige graubraun bis schwarz
· Meist 3 kleine Knospen über
einer Blattnarbe, fast kugelig,
hellbraun
· Dornen schwarzgrau bis schwarz

Schwarzdorn oder **Schleh-
dorn** oder **Schlehe**

12*· Zweige graugrün bis bräunlich,
oft rötlich überlaufen, glänzend
und glatt
· Knospen einzeln oder zu zweit
neben den Dornen, rötlich,
braun bis rotbraun
· Dornen glänzend graugrün bis
rotbraun

Weißdorn

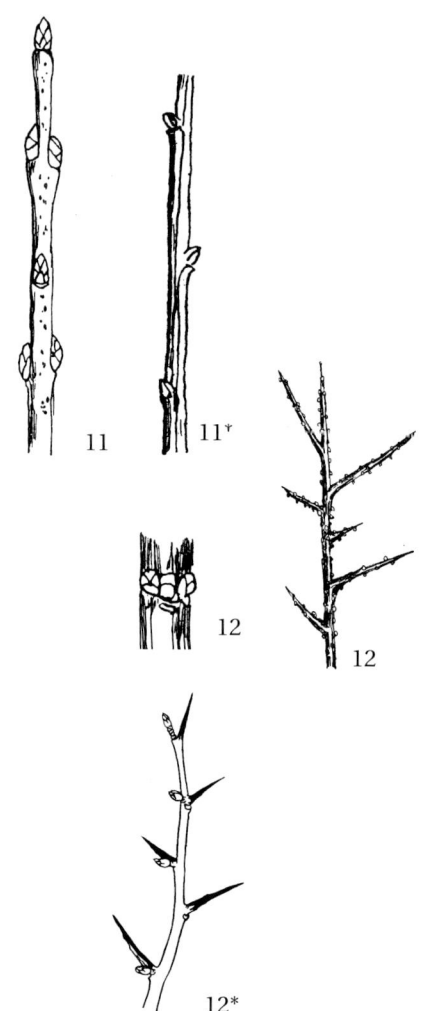

11   11*

12

12

12*

Einfache Bestimmungsschlüssel für Arten einiger Gattungen (im Winterzustand)

Gattung Linde

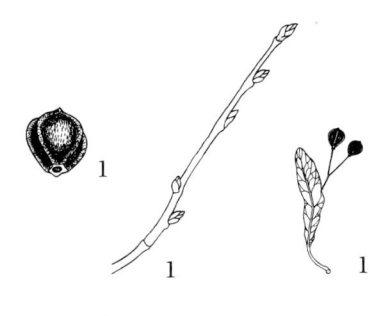

1 · Nußfrucht geflügelt, kantig mit Längsrippen, dickschalig, nicht zerdrückbar
  · Junge Zweige etwas behaart, braun bis dunkelrotbraun

    Sommer-Linde

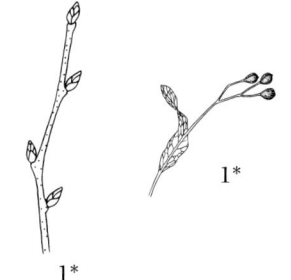

1* · Nußfrucht geflügelt, schwach kantig und dünnschalig, zerdrückbar
   · Junge Zweige kahl, grüngelb bis rotbraun, glänzend

    Winter-Linde

Gattung Eiche

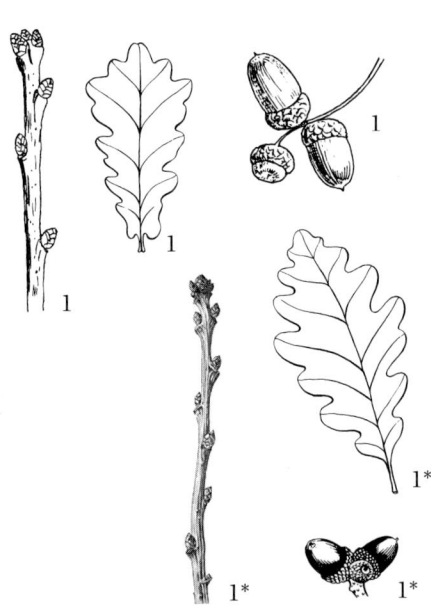

1 · Knospen rundlich, vielschuppig
  · Vorhandene Blätter kurzgestielt mit herzförmig-zweilappigem Grund
  · Früchte an langen Stielen

    Stiel-Eiche oder
    Sommer-Eiche

1* · Knospen fünfkantig, zugespitzt
   · Vorhandene Blätter langgestielt mit keilförmigem Grund
   · Früchte fast ungestielt in Trauben

    Trauben-Eiche oder
    Winter-Eiche

5. Pflanzen in Ökosystemen

5.1. Pflanzen am Feldrand

Äcker und Felder unterliegen regelmäßiger Bodenbearbeitung, wechselnder Bestellung mit verschiedenen Nutzpflanzen und deren Pflege. Neben den Kulturpflanzen kommen auch zahlreiche Wildpflanzen auf Äckern vor. Solche Ackerwildpflanzen sind durch bestimmte Eigenschaften an die ackerbaulichen Maßnahmen angepaßt und können nur deshalb auf Äckern existieren. Den dadurch entstehenden kurzen Vegetationsabschnitten sind einjährige Pflanzen am besten angepaßt. Sie können die Bearbeitungszeiten als Samen überstehen. Unter den ausdauernden Arten sind nur diejenigen begünstigt, deren tief im Boden liegende Organe (Wurzeln, Rhizome, Ausläufer, Knollen) entweder vom Pflug nicht erfaßt werden (z.B. Acker-Kratzdistel, Acker-Schachtelhalm) oder bei Störung und Zerteilung sich schnell wieder aus Teilstücken regenerieren können (z.B. bei Akkerwinde, Quecke). Unter den einjährigen Pflanzen gibt es manche Arten mit sehr kurzer Vegetationszeit (4 bis 6 Wochen) vom Keimen bis zum Fruchten (z.B. Hungerblümchen, manche Ehrenpreis-Arten). Sie nutzen die Feuchtigkeit und volle Belichtung im zeitigen Frühjahr und entziehen sich damit den ersten Bodenbearbeitungsmaßnahmen. Den Nachteil der späteren Beschattung durch die Kulturpflanzen gleichen Kletterpflanzen mit windendem, rankendem oder klimmendem Wuchs aus (z.B. Windenknöterich, Wicken, Kletten-Labkraut).

Auch hohe Samenproduktion gleicht große Pflanzenverluste aus (z.B. Gänsefuß). Unterschiedliche Keimzeiten garantieren, daß ein Teil der Jungpflanzen günstige Wachstumsbedingungen findet (z.B. Knopfkraut). Manche Arten blühen fast während des ganzen Jahres, so daß immer neue Samen zur Verfügung stehen (z.B. Vogel-Sternmiere, Purpurrote Taubnessel). Besondere Verbreitungseinrichtungen der Samen bzw. Früchte (z.B. Haarkranz vieler Korbblütengewächse) ermöglichen rasche Besiedlung neuer Ackerflächen.

Einige Acker-Wildpflanzen

1 · Pflanze mit grünen Blättern 3

1* · Pflanze ohne grüne Blätter 2

2 · Stengel mit hellbräunlicher
„Sporenähre"
· Stengel mit gezähnten Scheiden,
deutlich gegliedert, Abschnitte
ineinandergeschachtelt
· Stengel hohl

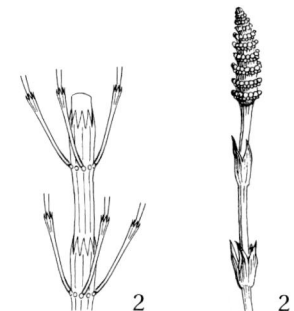

Acker-Schachtelhalm
(Familie Schachtelhalmge-
wächse ↗ S. 74)

2* · Stengel mit gelbem Blütenkorb
· Stengel mit rötlichen Schuppenblättern, nicht gegliedert und ge-
schachtelt
· Stengel markig

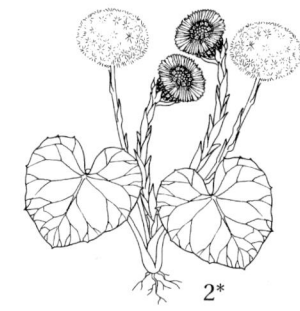

Huflattich (Abb. S. 78)
(Familie Korbblütengewächse)

3 · Pflanze mit Grasblättern (aus
röhriger Blattscheide und
schmaler Blattspreite bestehend)
· Blätter streifenadrig
· Stengel hohl mit Knoten (Halm) . . . 4

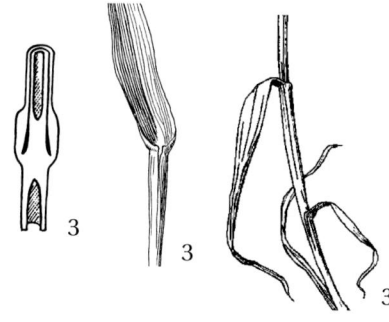

3* · Pflanze ohne grasartige Blätter
· Blätter meist deutlich netzadrig
· Stengel anders als ein Gras-
halm 8

4 · Blüten in Rispen (↗ S. 12) 5

4* · Blüten in Ähren oder Ähren-
rispen (↗ S. 12). 6

5 · Graspflanze nur 2 bis 20 cm hoch
 · Rispe armblütig, Rispenäste einzeln oder nur zu 2 zusammenstehend
 · Ährchen ohne Grannen

Einjähriges Rispengras
(Familie Süßgräser)

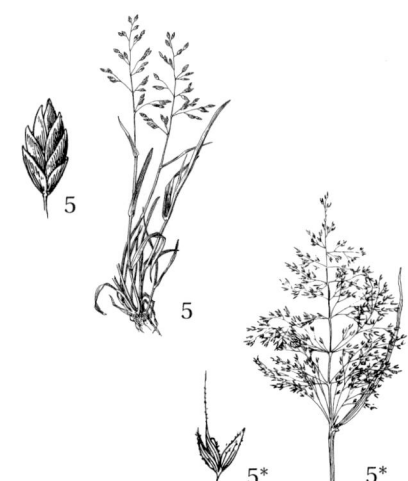

5* · Graspflanze 30 bis 120 cm hoch
 · Rispe reichblütig, Rispenäste bis
 zu 15 zusammenstehend
 · Ährchen mit Grannen

Gemeiner Windhalm
(Familie Süßgräser)

6 · Ähren sehr dünn, nur 2 bis 4 mm
 breit
 · Ähren 2 bis 8 zusammenstehend,
 fingerförmig angeordnet
 (Name!)

Fingerhirse
(Familie Süßgräser)

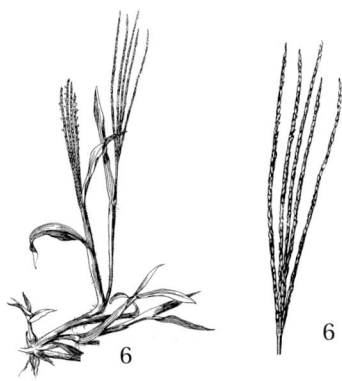

6* · Ähren dicker, bis 1 cm breit
 Ähren nicht fingerförmig ange-
 ordnet 7

7 · Ähren einzeln, walzenförmig,
 · Ährchenstiele mit langen Borsten (grün, gelblich oder rotbraun)
 · Halm dünn, 5 bis 40 cm hoch

Borstenhirse
(Familie Süßgräser)

7* · Ähren zu mehreren traubig angeordnet
· Ährchen mit kurzen Grannen
(grün oder rötlich)
· Halm kräftig, 40 bis 100 cm hoch

Hühnerhirse
(Famile Süßgräser)

8 · Blätter nur grundständig 9

8* · Blätter grundständig und/oder
am Stengel vorhanden (grundständige Blätter zur Blütezeit oft
schon abgestorben). 13

7*

7*

Gemeines
Hühnergras

9 · Blätter herzförmig-rundlich,
Blattunterseite weißfilzig behaart
· Blätter entwickeln sich erst nach
der Blütezeit (vergl. Merkmal 2*)

Huflattich (Abb. S. 78)
(Familie Korbblütengewächse)

9* · Blätter länger als breit, nicht
weißfilzig behaart
· Blätter entwickeln sich schon vor
der Blütezeit 10

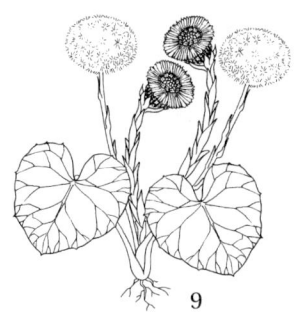

9

10 · Blüten grün, in langgestreckten
Ähren
· Blätter herz-eiförmig

Breit-Wegerich
(Familie Wegerichgewächse)

10* · Blüten gelb, in rundlichen Körben
· Blätter länglich 11

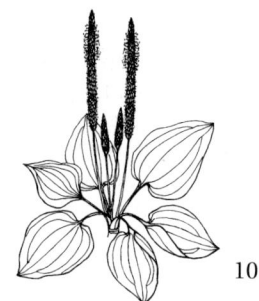

10

11 · Blätter schrotsägeförmig
· Stengel (Schaft) unverzweigt, mit
nur 1 Blütenkorb

Gemeine Kuhblume
(Familie Korbblütengewächse)

11*· Blätter gezähnt
· Stengel verzweigt, mit mehreren
Körben 12

12 · Stengel unter den Blütenkörben
keulig verdickt, wie etwas aufge-
blasen
· Früchte ohne Haarkranz

Lämmersalat
(Familie Korbblütengewächse)

12*· Stengel unter den Blütenkörben
nicht verdickt
· Früchte mit Haarkranz

Ferkelkraut
(Familie Korbblütengewächse)

13 · Blätter oder Seitentriebe quirlständig 14

13*· Blätter nicht quirlständig 17

14 · Stengel und Seitentriebe deutlich gegliedert, Abschnitte ineinandergeschachtelt mit
gezähnten Scheiden (vgl. Merkmal 2)

Acker-Schachtelhalm
(Familie Schachtelhalmge-
wächse, Abb. S. 74)

14*· Stengelabschnitte nicht ge-
schachtelt, Stengel ohne gezähn-
te Scheiden................... 15

100

15 · Untere Blattquirle mit 4 Blättern
(obere mit 6)
· Kronblätter violett

   Ackerröte
   (Familie Rötegewächse)

15

15*· Alle Blattquirle mit mehr als
4 Blüten
· Kronblätter weiß
oder grünlich 16

16 · Pflanze haftet wie eine Klette,
rauh durch gekrümmte Stacheln
(Lupe!)
· Blätter keilförmig-länglich, sta-
chelspitzig, im Quirl alle gleich
lang
· 4 Kronblätter, verwachsen

   Kletten-Labkraut oder **Kleb-**
   kraut
   (Familie Rötegewächse)

16

16

16

16*· Pflanze nicht klettend
· Blätter schmal-linealisch, ohne
Stachelspitze, im Quirl verschieden lang
· 5 Kronblätter, nicht verwachsen

   Acker-Spark oder
   Acker-Spergel
   (Familie Nelkengewächse)

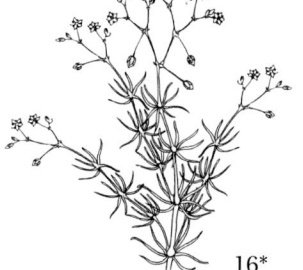

16*

16*

17 · Blätter gegenständig 18

17*· Blätter wechselständig 33

18 · Stengel gabelig verzweigt
· Untere Blätter spatelförmig
· Kronblätter blaßblau

   Rapünzchen
   (Familie Baldriangewächse)

18

18* · Stengel anders oder gar nicht
   verzweigt
   · Blätter nicht spatelförmig....... 19

19 · Blüten grün, sehr klein, unscheinbar (Lupe!) 20

19* · Blüten weiß, rot, blau oder gelb,
   deutlich erkennbar............. 22

20 · Blätter schmal-linealisch, bis
   1 cm lang
   · Pflanze niedrig, ausgebreitet,
   5 bis 10 cm hoch

   Knäuel
   (Familie Nelkengewächse)

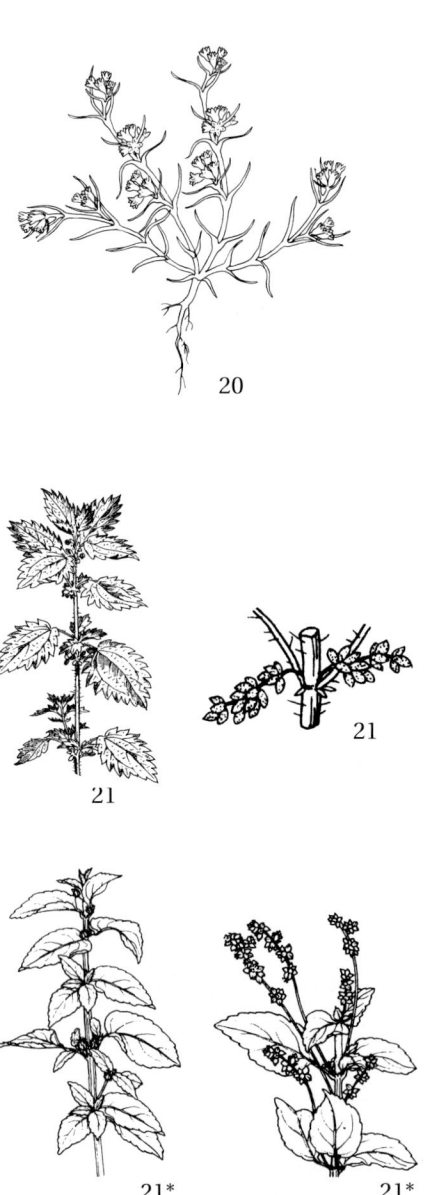

20

20* · Blätter breit, gestielt, länger als
   1 cm
   · Pflanze aufrecht, 10 bis 50 cm
   hoch......................... 21

21 · Blätter mit Brennhaaren, eiförmig, eingeschitten gesägt
   · Pflanze einhäusig (d.h. mit
   männlichen und weiblichen Blüten, Lupe!)

   Kleine Brennessel
   (Familie Brennesselgewächse)

21
21

21* · Blätter ohne Brennhaaren,
   länglich, kerbig gesägt
   · Pflanze zweihäusig (d. h. entweder nur mit männlichen oder nur
   mit weiblichen Blüten, Lupe!)

   Einjähriges Bingelkraut
   (Familie Wolfsmilchgewächse)

21*
21*

22 · Blätter geteilt oder zusammen-
gesetzt
· Früchte mit schnabelartigem
Fortsatz 23

22* · Blätter ungeteilt
· Früchte ohne schnabelartigen
Fortsatz 24

23 · Blätter handförmig geteilt, im
Umriß rundlich
· Blüten einzeln oder zu 2

Storchschnabel
(Familie Storchschnabelge-
wächse)

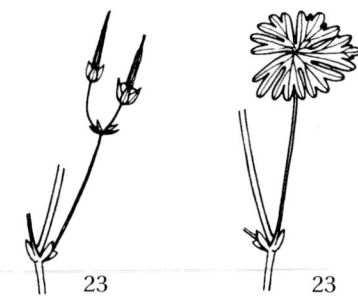

23   23

23* · Blätter gefiedert, im Umriß
länglich
· Blütenstände mit mehr als 2 Blüten

Reiherschnabel
(Familie Storchschnabelge-
wächse)

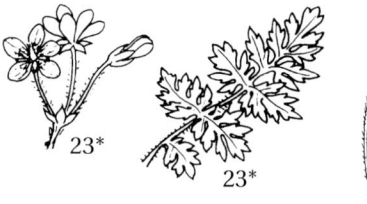

23*   23*   23*

24 · Blüten in kleinen Körben (3 bis
5 mm breit), mit gelben Röhrenblüten, am Rande meist 5 weiße
Zungenblüten

Knopfkraut oder **Franzosenkraut**
(Familie Korbblütengewächse)

24

24
Kleinblütiges Knopfkraut

24* · Blüten nicht in Körben 25

25 · Pflanze mit Minze-Geruch (Blätter zerreiben!)
· Blüten dicht gehäuft in Blattachseln, rosa bis violett

Acker-Minze
(Familie Lippenblüten-
gewächse)

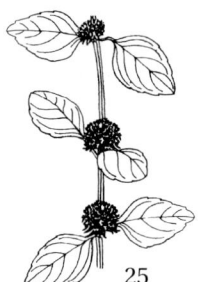

25

25*· Pflanze nicht nach
Minze duftend
· Blüten anders angeordnet 26

26 · Blütenkrone 4lappig, 2 Staubblätter
· Früchte herzförmig, 2teilig

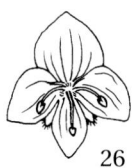

Ehrenpreis (Abb. S. 77)
(Familie Braunwurzgewächse)

26

26*· Blütenkrone 5strahlig oder 2lip-
pig, mehr als 2 Staubblätter
· Früchte von anderer Gestalt. 27

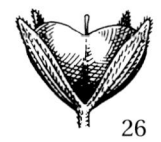

26

27 · Blüten strahlig. 28

27*· Blüten 2seitig symmetrisch (Lip-
penblüten) 32

28 · Kronblätter rot
oder blau 29

28*· Kronblätter weiß. 30

29 · Pflanze aufrecht, 30 bis 100 cm
hoch
· Stengel und Blätter graufilzig behaart
· Blüten endständig, 3 bis 4 cm
breit, Kronblätter purpurrot,
Kelchblätter länger als Kronblätter

Korn-Rade
(Familie Nelkengewächse)

29

29*· Pflanze liegend und aufsteigend,
5 bis 20 cm lang
· Blätter unterseits dunkel punktiert
· Blüten in Blattachseln, 1 cm
breit, Kronblätter ziegelrot oder
blau, Kelchblätter so lang oder
kürzer als Kronblätter

29*

Gauchheil
(Familie Primelgewächse)

29*

30 · Pflanze aufrecht, 30 bis 100 cm
hoch
· Blüten 2 bis 3 cm breit, duftend,
eingeschlechtig (Pflanzen zweihäusig)

Weiße Lichtnelke oder **Weiße
Nachtnelke**
(Familie Nelkengewächse)

30*· Pflanze liegend und aufsteigend,
2 bis 40 cm lang
· Blüten 4 bis 8 mm breit, nicht
duftend, zwittrig. 31

30

31 · Stengel mit 1 Haarreihe (Lupe!)
· Blätter gestielt, eiförmig bis herz-
förmig, spitz
· Kronblätter tief geteilt, 3 Griffel
(Lupe!)

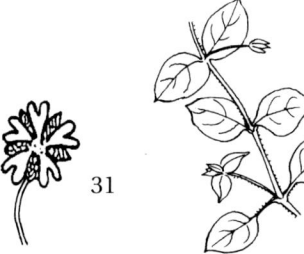

31

31

Vogel-Sternmiere
(Familie Nelkengewächse)

31*· Stengel ringsum behaart (Lupe!)
· Blätter ungestielt, länglich bis
lanzettlich, stumpf
· Kronblätter eingekerbt, 5 Griffel
(Lupe!)

31*

Gemeines Hornkraut
(Familie Nelkengewächse)

31*

32 · Unterlippe der Blüte mit 2 spitzen Höckern (wie hohle Zähne – Name!)
· Blütenquirle mehr oder weniger voneinander entfernt in einzelnen Blattachseln

Hohlzahn
(Familie Lippenblütengewächse)

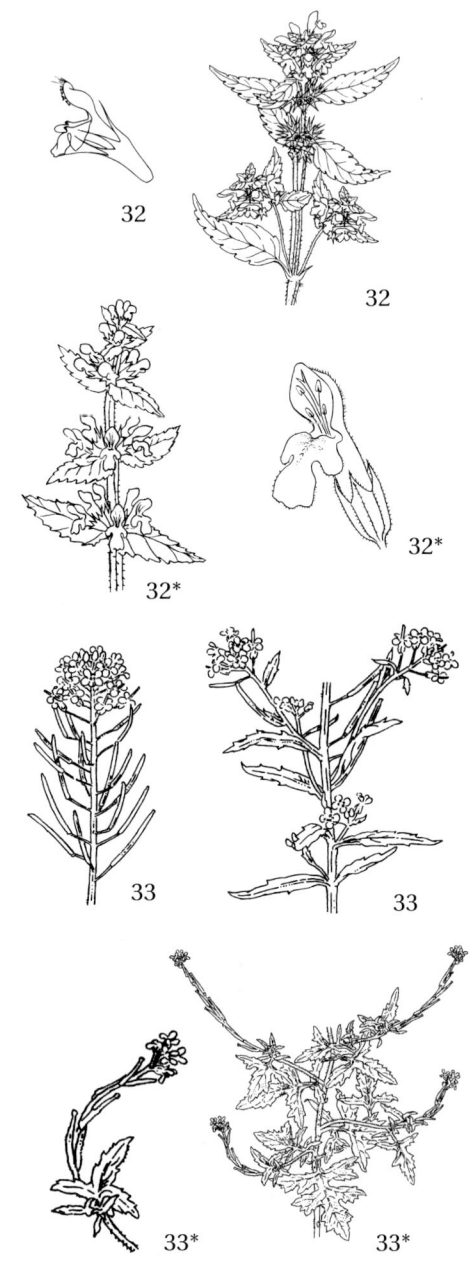

32

32

32* · Unterlippe der Blüte ohne Höcker
· Blütenquirle gehäuft in einer endständigen pyramidenförmigen Traube

Sumpf-Ziest
(Familie Lippenblütengewächse)

32*

32*

33 · Blätter ungeteilt
· Schoten vom Stengel abstehend

Acker-Schöterich
(Familie Kreuzblütengewächse)

33* · Blätter fiederspaltig
· Schoten dem Stengel anliegend

Wege-Rauke
(Familie Kreuzblütengewächse)

33

33

33*

33*

5.2. Pflanzen der Gewässerufer

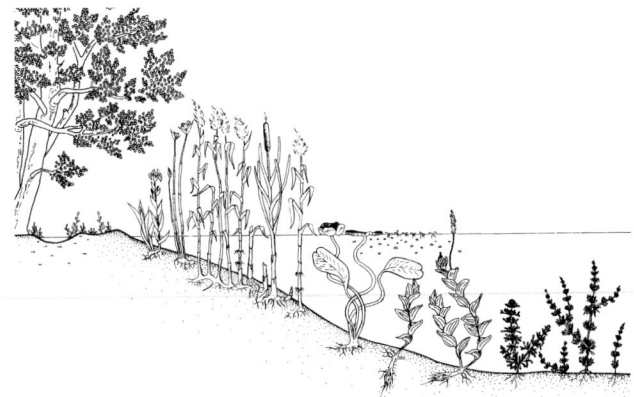

Gewässerufer sind Biotope (Lebensräume) mit spezifischen Bedingungen: oft weicher (schlammiger) Moorboden, der auch bei Trockenheit meist gut durchfeuchtet ist; pH-Wert vorwiegend im sauren Bereich; oft Beeinflussung durch wechselnden Wasserstand und Wind; starke Beschattung des Bodens durch Bäume und Sträucher.

Pflanzen, die hier wachsen, weisen Anpassungen an diese Lebensbedingungen auf: Stengel und Blätter oft mit innerem „Durchlüftungssystem" (z.B. Froschlöffel, Binse); stark ausgeprägte ungeschlechtliche Vermehrung durch Ausläufer und Wurzelstöcke.

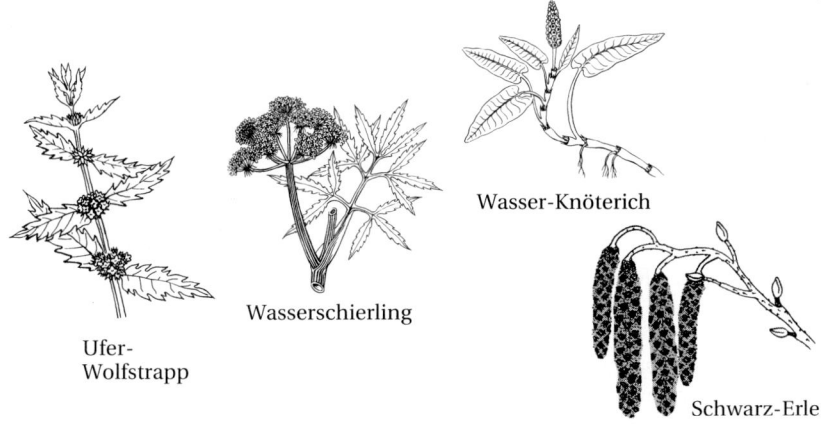

Wasser-Knöterich

Wasserschierling

Ufer-
Wolfstrapp

Schwarz-Erle

Einige Pflanzen des Gewässerufers

1 · Holzgewächs: Baum oder Strauch . 2

1* · Krautige Pflanze 6

2 · Baum: Pflanze mit einem
Stamm, mit Ästen und Zweigen . . . 3

2* · Strauch: Pflanze mit mehreren,
über der Bodenoberfläche aus-
gehenden Verzweigungen 4

3 · Blätter schmal-lanzettlich oder
breit elliptisch
· Fruchtstände kätzchenförmig,
nicht verholzt

Weide
(Familie Weidengewächse)
Oft auch als Strauch ausgebil-
det.

3* · Blätter rundlich, vorn abgerundet
· Fruchtstände zapfenförmig verholzt, Zapfen gestielt

Schwarz-Erle
(Familie Birkengewächse)

3** · Blätter eiförmig, vorn zugespitzt
· Fruchtstände zapfenförmig verholzt, Zapfen ungestielt, sitzend

Grau-Erle
(Familie Birkengewächse)

4 · Blätter ungeteilt, eiförmig ganzrandig

Faulbaum
(Familie Kreuzdorngewächse)
Blüten klein, grünlich, in den
Blattachseln; Früchte kugelig,
erst rot dann schwarz

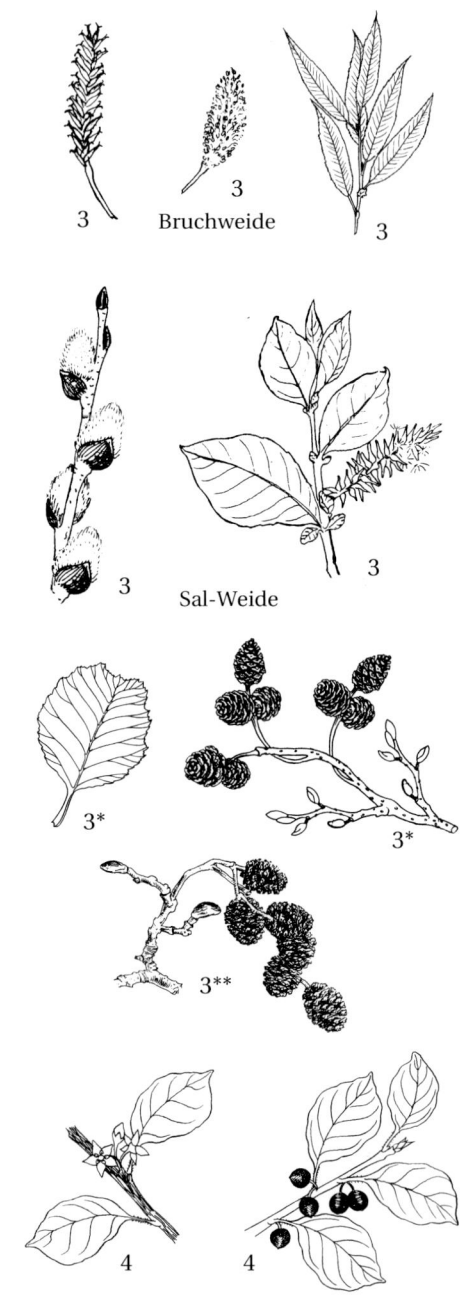

3   3   Bruchweide   3

3   Sal-Weide   3

3*   3*

3**

4   4

4* · Blätter gefiedert mit 5 bis 7 Fiederblättchen 5

5 · Blütenstände schirmförmig
· Kronblätter weiß
· Früchte schwarz

    Schwarzer Holunder
    (Familie Geißblattgewächse)

5* · Blütenstände ei- oder kugelför-
mig
· Kronblätter gelblich
· Früchte rot

    Berg-Holunder oder
    Roter Holunder oder
    Trauben-Holunder (Abb. S. 80)
    (Familie Geißblattgewächse)

6 · Pflanze windend 7

6* · Pflanze nicht windend 8

7 · Blätter pfeilförmig, Blattrand
ganzrandig
· Blüten einzeln, trichterförmig,
Kronblätter weiß

    Zaun-Winde
    (Familie Windengewächse)

7* · Blätter 3- bis 5lappig, Blattrand
scharf gesägt
· Blüten zu mehreren im ähren-
ähnlichen Blütenstand

    Gemeiner Hopfen
    (Familie Hanfgewächse)

8 · Blüten gelb. 9

8* · Blüten weiß, rot, blau oder
braun. 13

9 · Blätter schwertförmig

> **Wasser-Schwertlilie**
> (Familie Schwertlilien-
> gewächse)
> **Geschützt! Giftig,** die
> ganze Pflanze
> Blüten auffällig groß, 3 äußere
> große Kronblätter, zurückge-
> schlagen, 3 innere kleine Kron-
> blätter, aufrecht

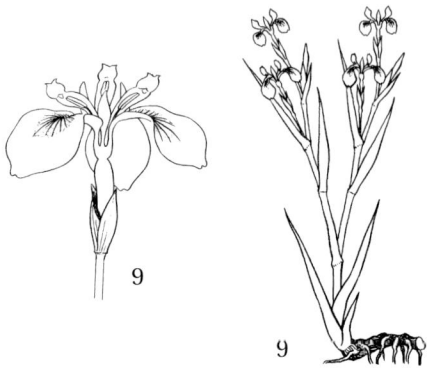

9* · Blätter anders gestaltet. 10

10 · Blätter handförmig geteilt

> **Kriechender Hahnenfuß**
> (Familie Hahnenfußgewächse)
> Blüten meist mit 5 glänzenden
> Kronblättern, zahlreichen
> Staubblättern und mehreren
> Fruchtknoten, Pflanze mit
> Ausläufern

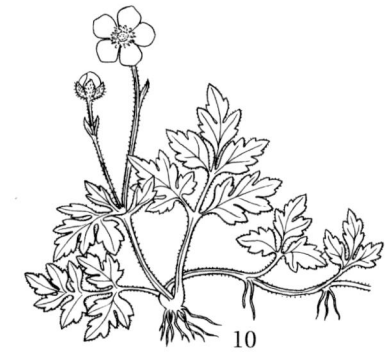

10* · Blätter nicht handförmig
geteilt. 11

11 · Blätter herz- bis nierenförmig,
dunkelgrün, glänzend

> **Sumpf-Dotterblume**
> (Abb. S. 77)
> (Familie Hahnenfußgewächse)
> Blüten dottergelb

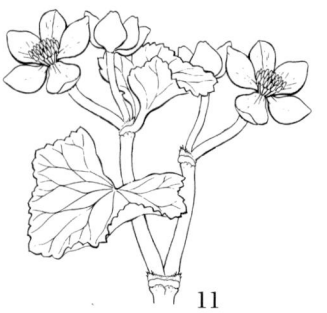

11* · Blätter schmal-länglich. 12

12 · Blätter schmal-lanzettlich, lang
zugespitzt
· Stellung der Blätter am Stengel
kreuzweise gegenständig
· Blüten als eiförmige Traube in
den Blattachseln

Strauß-Gilbweiderich
(Familie Primelgewächse)

12*· Blätter ei-lanzettlich
· Stellung der Blätter am Stengel ge-
genständig oder quirlig
· Blüten in einem endständigen
Blütenstand

Gemeiner Gilbweiderich
(Familie Primelgewächse)

13 · Blüten weiß....................14

13*· Blüten rot, blau oder braun.......17

14 · Blätter kleeblattähnlich, dreizählig, langgestielt

Fieberklee oder **Bitterklee**
(Familie Fieberkleegewächse)
Geschützt! Blüten trichterförmig, in einem traubenförmi-
gen Blütenstand, Kronblatt-
zipfel zurückgebogen, weiß-
bärtig

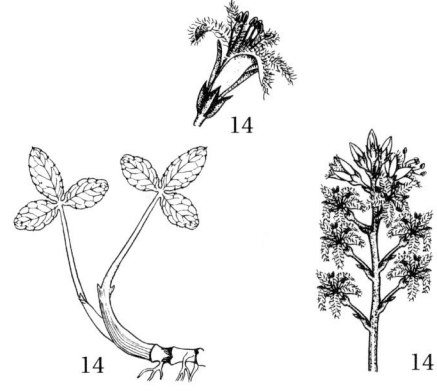

14*· Blätter nicht kleeblattähnlich,
einfach........................15

15 · Ganze Pflanze mit dichten, abstehenden Borsten, rauh
· Blätter lanzettlich

Gemeiner Beinwell
(Familie Boretschgewächse)
Blütenstand nickend

15*· Pflanze kahl
 · Blätter pfeilförmig oder löffelför-
 mig. 16

16 · Blätter pfeilförmig
 · Blüten in dreizähligen Quirlen
 angeordnet

 Spitzes Pfeilkraut
 (Familie Froschlöffelgewäch-
 se) Kronblätter mit rotem Fleck
 am Grunde

16

16

16*· Blätter löffelförmig
 · Blüten in einer pyramidenförmigen Rispe angeordnet

 Gemeiner Froschlöffel
 (Familie Froschlöffelgewäch-
 se)

16*

16*

17 · Blüten rot. 18

17*· Blüten blau oder braun. 21

18 · Blätter unpaarig gefiedert, obere
 3zählig, untere 5- bis 7zählig, untere Seite blaugrün

 Blutauge oder
 Sumpf-Fingerkraut
 (Familie Rosengewächse)

18

18

18*· Blätter einfach. 19

19 · Stengel vierkantig, steifhaarig

 Sumpf-Ziest
 (Familie Lippenblütengewächse) Blätter kreuzweise gegenständig, Blüten in 6- bis
 12zähligen Quirlen

19*· Stengel rund. 20

19

20 · Blüten in einer langen endstän-
    digen Ähre
  · Blätter lanzettlich, meist gegen-
    ständig angeordnet

  Gemeiner Blutweiderich
  (Familie Blutweiderichge-
  wächse) Stengel vierkantig

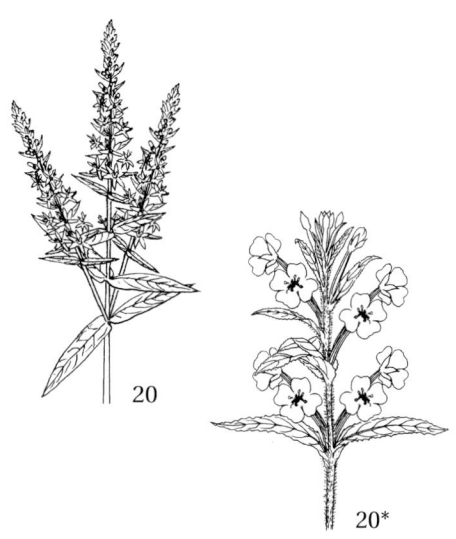

20* · Blüten in den Blattachseln in lan-
    gen Trauben
  · Blätter meist kreuzweise gegen-
    ständig angeordnet

  Rauhhaariges Weidenröschen
  (Familie Nachtkerzengewächse)
  Stengel mit abstehenden Haa-
  ren

21 · Blüten blau 22

21* · Blüten braun. 24

22 · Pflanze mit starkem Pfefferminz-
    geruch
  · Stengel vierkantig

  Wasser-Minze
  (Familie Lippenblütengewächse) Blüten in endständigen
  rundlichen köpfchenförmigen
  Blütenständen

22* · Pflanze nicht nach Pfefferminze
    riechend
  · Stengel rund .23

23 · Blätter wechselständig, lanzett-
    lich, sitzend, behaart
  · Blüten in lockeren endständigen
    blattlosen Trauben

  Sumpf-Vergißmeinnicht
  (Familie Boretschgewächse)

23*· Blätter gegenständig, eiförmig
fleischig, kurzgestielt, kahl
· Blüten als Traube in den Blattachseln, Blüte mit 2 Staubgefä-
ßen

Bach-Ehrenpreis
(Familie Braunwurzgewächse)

24 · Stengel rund, behaart
· obere Blätter dreizählig, untere
gefiedert
· Blüten glockig, nickend, Kronblätter außen rötlich, innen gelblich, Kelchblätter rotbraun

Bach-Nelkenwurz
(Familie Rosengewächse)

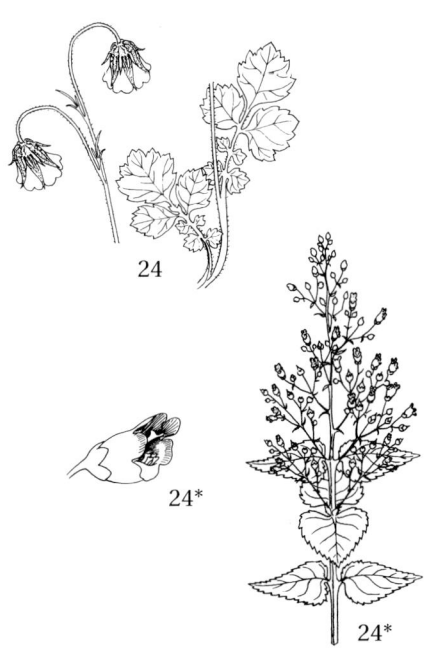

24*· Stengel scharf vierkantig, kahl
· Blätter einfach eiförmig, kreuzweise gegenständig
· Blüten in lockeren Rispen, nicht
nickend
· Blüte innen braunrot, außen
grünlich

Knoten-Braunwurz
(Familie Braunwurzgewächse)

5.3. Pflanzen auf feuchten Wiesen

Wiesen, Weiden und Rasen sind in Mitteleuropa meist vom Menschen geschaffene und erhaltene Landschaftsteile. Durch Rodung wurden freie Flächen für die Landwirtschaft geschaffen. Wiesen und Weiden können nur durch Mahd und Weidebetrieb weitgehend gehölzfrei gehalten werden. Diese regelmäßige Bewirtschaftung führt zu einer Auslese des Pflanzenbestandes auf Wiesen und Weiden. Es können dort nur solche Arten existieren, die den Schnitt durch Sense und Mähmaschine oder den Verbiß und die Trittbelastung durch das Weidevieh ertragen können.

Im Vorteil sind Pflanzen, die sich dem Mähschnitt durch frühe Blüte- und Fruchtzeit (Frühjahrsblüher, z.B. Schlüsselblume) oder durch dem Boden anliegende Blattrosetten (z.B. Kuhblume, Löwenzahn) und kriechende Sprosse (z.B. Weiß-Klee, Kriechender Hahnenfuß) fast ganz entziehen.

Für die meisten Wiesenpflanzen erfolgt aber der 1. Schnitt (Ende Mai bis Juni) noch während der Hauptblütezeit oder kurz danach, bevor Früchte mit Samen ausgereift sind. Im Vorteil sind deshalb ausdauernde Pflanzen, die sich auch ungeschlechtlich mit Ausläufern, Wurzelstöcken oder Knollen (z.B. Hornkraut, Wiesen-Knöterich, Körnchen-Steinbrech) fortpflanzen können.

Wiesenpflanzen müssen nach der Mahd rasch nachwachsen, damit sie wieder assimilieren können. Manche schnellwachsende Arten kommen noch zu einer 2. Blüte und auch Fruchtreife, bevor meist im September der 2. Schnitt erfolgt. Dabei sind Pflanzen mit tiefreichenden Wurzelsystemen und Speicherorganen (Pfahlwurzeln, z.B. Sauerampfer, Pastinak) begünstigt, weil sie auch gegen zeitweilige oberflächliche Austrocknung des Wiesenbodens infolge fehlender Beschattung nach der Heuernte oder in regenarmen heißen Sommerwochen geschützt sind.

In Abhängigkeit vom Wasser- und Nährstoffgehalt des Bodens und vom Klima entwickeln sich an unterschiedlichen Standorten sehr verschiedene Wiesenpflanzengesellschaften, z.B. Naßwiesen an sumpfigen Stellen, Frisch- und Fettwiesen an feuchten und nährstoffreichen Standorten und Steppenrasen an trockenen, zeitweilig stark erwärmten Standorten.

Einige Pflanzen auf vorwiegend mäßig nährstoffreichen Feuchtwiesen

1 · Blätter nur grundständig......... 2

1* · Blätter auch stengelständig 7

2 · Blüten in Körben (↗ S. 29 Korbblütengewächse)............... 3

2* · Blüten in anderen
Blütenständen 5

3

3 · Blütenkörbe am Rande mit weißen oder rötlichen Zungenblüten, in der Mitte gelbe Röhrenblüten
· Blätter spatelförmig, bis 5 cm
lang, fast ganzrandig, behaart

**Ausdauerndes
Gänseblümchen** (Abb. S. 77)
(Familie Korbblütengewächse)

3* · Blütenkörbe nur mit gelben Zungenblüten
· Blätter länglich, länger als 5 cm,
mit Blattzähnen, kahl 4

4 · Stengel verzweigt, mit mehreren
Blütenkörben und wenigen
Schuppen
· Hauptblütezeit August/September

4

Herbst-Löwenzahn
(Familie Korbblütengewächse)

4* · Stengel nicht verzweigt, mit
1 Blütenkorb, ohne Schuppen
· Hauptblütezeit Mai/Juni

Gemeine Kuhblume
(Familie Korbblütengewächse)

4*

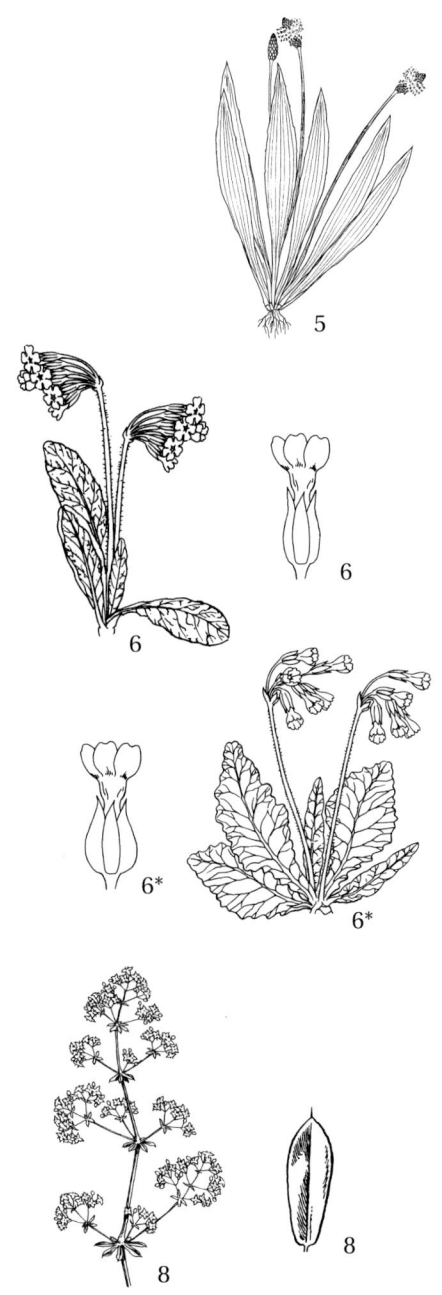

5 · Einzelbüten unscheinbar, grün,
in eiförmigen länglichen Blütenständen
· Blätter lanzettlich, glatt, streifenadrig

Spitz-Wegerich
(Familie Wegerichgewächse)

5* · Einzelbüten ansehnlich, gelb, in
doldigen Blütenständen
· Blätter länglich-eiförmig, runze-
lig, netzadrig 6

6 · Blütenkrone hellgelb, Saum flach
tellerförmig
· Kelch der Kronröhre anliegend

Hohe oder **Wald-Schlüsselblume** (Abb. S. 78)
Geschützt (Familie Primelgewächse)

6* · Blütenkrone goldgelb, mit
5 orangegelben Flecken, Saum
aufgewölbt schlüsselförmig
· Kelch bauchig abstehend

**Wiesen-Schlüsselblume
Geschützt** (Abb. S. 78 Familie
Primelgewächse)

7 · Blätter quirlständig, zu 6 bis 12
zusammenstehend 8

7* · Blätter einzeln oder nur 2 zusammenstehend 9

8 · Blütenkrone weiß
· Blätter lanzettlich, 2 bis 8 mm breit

Wiesen-Labkraut
(Familie Rötegewächse)

8* · Blütenkrone gelb
· Blätter linealisch, bis 2 mm breit

Echtes Labkraut
(Familie Rötegewächse)

9 · Blätter gegenständig 10

9* · Blätter wechselständig 17

10 · Grund- und Stengelblätter sehr
verschieden, rundlich-eiförmig
und fiederteilig
· Blütenkrone rosa, Einzelblüten
in endständigem kopfigem Blütenstand zusammengedrängt

Kleiner Baldrian
(Familie Baldriangewächse)

10* · Grund- und Stengelblätter gleich
oder ähnlich
· Blütenkrone nicht rosa, Einzelblüten nicht kopfig zusammen-
gedrängt 11

11 · Blütenkrone rot 12

11* · Blütenkrone weiß, blau oder
gelb 13

12 · Kronblätter 2spaltig
· Stengelblätter eiförmig
· Pflanze weichhaarig

Rote Lichtnelke
(Familie Nelkengewächse)

12* · Kronblätter 4-spaltig
· Stengelblätter lanzettlich
· Pflanze rauhhaarig

Kuckucks-Lichtnelke
(Familie Nelkengewächse)

118

13 · Kronblätter frei
· Blüten regelmäßig, 5strahlig 14

13* · Kronblätter verwachsen
· Blüten nicht regelmäßig
strahlig 16

14 · Kronblätter gelb
· Staubblätter viele (mehr als 10)
· Blätter oft durchscheinend
punktiert (Öldrüsen im Gegen-
licht sichtbar)

Johanniskraut oder Hartheu
(Familie Hartheugewächse)

14* · Kronblätter weiß
· Staubblätter 10
· Blätter nicht punktiert 15

15 · Kronblätter tief geteilt
· Blätter am Grund gewimpert

Gras-Sternmiere
(Familie Nelkengewächse)

15* · Kronblätter eingekerbt
· Blätter kurzhaarig

Hornkraut
(Familie Nelkengewächse)

16 · Blütenkrone blau, 4zipflig
· Staubblätter 2
· Frucht herzförmige flache Kap-
sel, Samen fest eingeschlossen

Ehrenpreis (Abb. S. 77)
(Familie Braunwurzgewächse)

16*· Blütenkrone gelb, 2lippig, Oberlippe oft mit blauer Spitze
· 4 Staubblätter
· Fruchtkapsel in bauchigem
Kelch, Samen locker, klappern
beim Schütteln (Name!)

Klappertopf
(Familie Braunwurzgewächse)

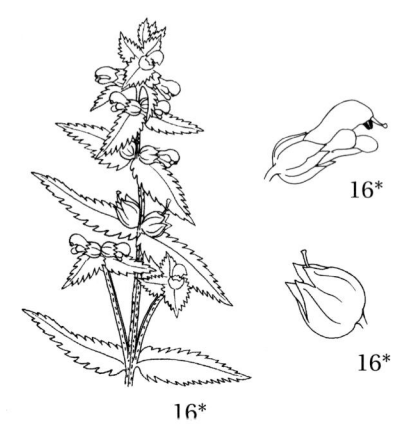

16*

16*

16*

19 · Blütenkörbe am Rande mit weißen Zungenblüten, in der Mitte
mit gelben Röhrenblüten
· Blätter ungeteilt, Rand gekerbt
oder gesägt
· Fruchtknoten und Frucht ohne
Haarkranz

Wiesen-Margerite
(Familie Korbblütengewächse)

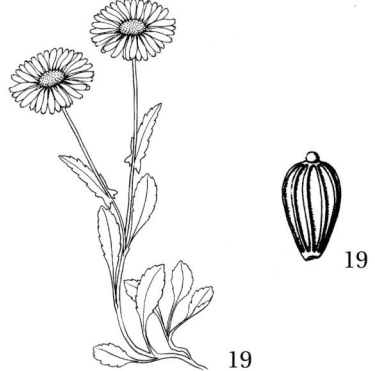

19

19

20 · Blütenkörbe mit Zungenblüten,
leuchtend gelb
· Fruchtknoten und Frucht mit
ungefiedertem Haarkranz
· Blattzähne ohne Stachelspitzen

Wiesen-Pippau
(Familie Korbblütengewächse)

20

20* · Blütenkörbe mit Röhrenblüten,
blaßgelblich oder rotviolett
· Fruchtknoten und Frucht mit gefiedertem Haarkranz
· Blattzähne mit Stachelspitzen 21

20

21 · Blüten gelblich weiß, Körbe von
bleichgrünen kohlartigen Hoch-
blättern umhüllt (Name!)
· Stachelspitzen weich, nicht stechend
· Stengel ohne Blattsäume

Kohl-Kratzdistel
(Familie Korbblütengewächse)

21

21* · Blüten rotviolett, Körbe ohne
Hochblätter
· Stachelspitzen hart, stechend
· Stengel mit stacheligen Blattsäu-
men

Sumpf-Kratzdistel
(Familie Korbblütengewächse)

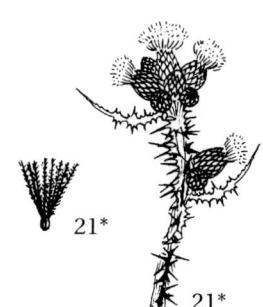

21*

21*

21*

22 · Blätter einfach, ungeteilt
· Blütenstände längliche Ähren.....23

22* · Blätter zusammengesetzt
· Blütenstände rundliche Köpfchen 24

23 · Kronblätter rosarot, Blütenstand
walzenförmig
· Grundblätter länglich, ganzrandig, am Rande wellig

Wiesen-Knöterich (Abb. S. 78)
(Familie Knöterichgewächse)

23*· Kronblätter violett, blau oder
weißlich, Blütenstand eiförmig
(erst zur Fruchtzeit langgestreckt
und walzenförmig)
· Grundblätter langgestielt, eiförmig, gesägt, nicht wellig

Teufelskralle
(Familie Glockenblumenge-
wächse)

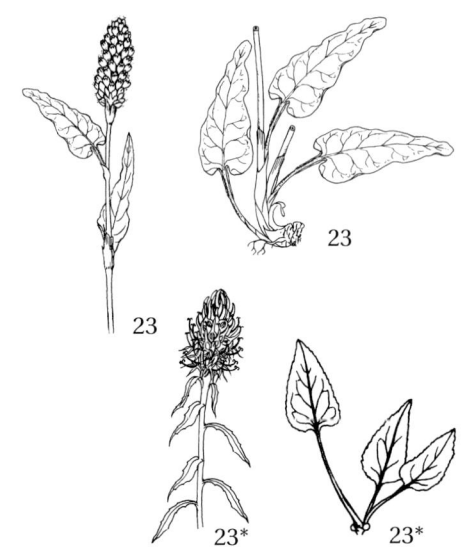

23

23

23*   23*

24 · Blätter gefiedert
· Blütenköpfchen eiförmig, Blüten
schwarzrot oder braun
· Pflanzen 50 bis 150 cm hoch

Großer Wiesenknopf
(Familie Rosengewächse)

24*· Blätter 3zählig (Kleeblätter)
· Blütenköpfchen kugelförmig,
Blüten weiß oder rot
· Pflanzen bis 40 cm hoch oder
lang 25

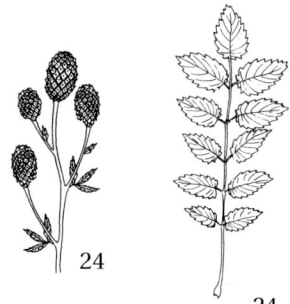

24

24

25 · Kronblätter weiß oder hellrosa
· Stengel kriechend

Weiß-Klee
(Familie Schmetterlingsblütengewächse)

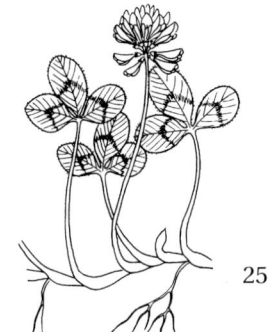

25

25*· Kronblätter rot
· Stengel aufrecht

Rot- oder **Wiesen-Klee**
(Familie Schmetterlingsblütengewächse)

26 · Blätter einfach 27

26*· Blätter zusammengesetzt. 38

27 · Blätter länglich, ungeteilt. 28

27*· Blätter im Umriß rundlich, mit
mehr oder weniger tiefen Ein-
schnitten 32

28 · Blätter rauhhaarig 29

28*· Blätter nicht rauhhaarig, meist
kahl 30

29 · Pflanzen 30 bis 100 cm hoch
· Blüten glockenförmig Blütenkro-
ne violett, rosa oder gelblichweiß
· Stengel mit Blattsäumen

Gemeiner Beinwell
(Familie Boretschgewächse)

29*· Pflanzen 10 bis 30 cm hoch
· Blüten tellerförmig, Blütenkrone
blau mit gelbem Schlund
· Stengel ohne Blattsäume

Sumpf-Vergißmeinnicht
(Familie Boretschgewächse)

25*

29

29*

29*

30 · Blüten rötlich bis grün
  · Stengelblätter spießförmig, mit
    Tuten am Stengel über dem
    Blattgrund

  Wiesen-Sauerampfer
  (Familie Knöterichgewächse)

30* · Blüten violett oder blau (selten
    weiß)
  · Stengelblätter lanzettlich, ohne
    Tuten 31

30   30

31 · Blüten 5strahlig, glockenförmig
  · Pflanzen 30 bis 60 cm hoch

  Wiesen-Glockenblume
  (Familie Glockenblumenge-
  wächse)

31* · Blüten zweiseitig-symmetrisch
  · Pflanzen 5 bis 20 cm hoch

  Gemeines Kreuzblümchen
  (Familie Kreuzblümchenge-
  wächse)

31

31*

32 · Grundblätter nierenförmig, ge-
    lappt 33

32* · Grundblätter handförmig, tief
    geteilt. 34

33 · Blütenkrone 5zählig, weiß
  · Stengel am Grunde mit Brut-
    knöllchen (Name!)
  · Pflanzen durch Drüsenhaare
    etwas klebrig

  Körnchen-Steinbrech
  (Familie Steinbrechgewächse)

33

33   33

33* · Blüten ohne Krone, Blütenkelch
grün
· Stengel ohne Brutknöllchen
· Pflanzen meist behaart, aber
nicht klebrig

Gemeiner Frauenmantel
(Familie Rosengewächse)

34 · Kronblätter gelb
· Früchte mit hakenförmiger
Spitze 35

34* · Kronblätter rot, blau oder violett
· Früchte mit storchschnabelarti-
gem Fortsatz (Name!) 36

35 · Blüten kugelförmig geschlossen
(Name!), 6 bis 15 Kronblätter,
keine Kelchblätter
· Stengel oben unverzweigt, mit
1 Blüte

Trollblume oder **Kugel-
ranunkel** (Abb. S. 79)
Geschützt (Familie Hahnenfußgewächse)

35* · Blüten schalenförmig offen,
5 gelbe Kronblätter, 5 grüne
Kelchblätter
· Stengel oben verzweigt, mehr-
blütig

Scharfer Hahnenfuß
Giftig (Familie Hahnenfußgewächse)

36 · Blütenstiele immer aufrecht
· Kronblätter violett

Wald-Storchschnabel
(Familie Storchschnabelge-
wächse)

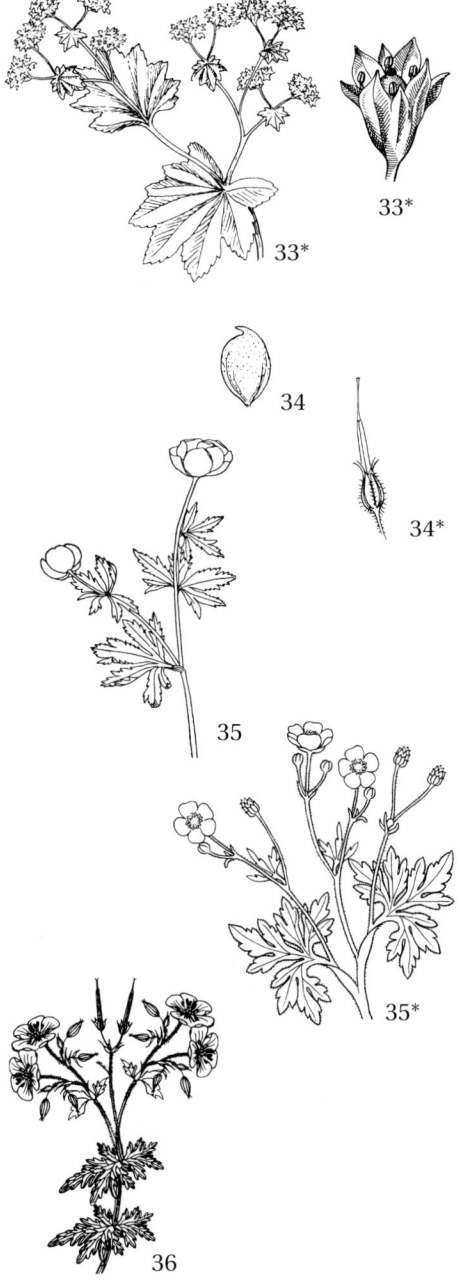

33*

33*

34

34*

35

35*

36

36* · Blütenstiele nach dem Verblü-
hen herabgebogen
· Kronblätter blau oder rot 37

37 · Kronblätter blau
· Obere Stengelteile und Blütenstiele durch Drüsenhaare etwas
klebrig

Wiesen-Storchschnabel
(Abb. S. 79 Familie Storch-
schnabelgewächse)

37

37* · Kronblätter rot
· Obere Stengelteile, Blüten- und
Blattstiele durch rüchwärts ge-
richtete Haare rauh (aber keine
Drüsenhaare! Lupe!)

Sumpf-Storchschnabel
(Familie Storchschnabelge-
wächse)

38 · Blüten in Doppeldolden
(Doldengewächse ↗ S. 7) 39

37*

38* · Blüten in anderen Blüten-
ständen 41

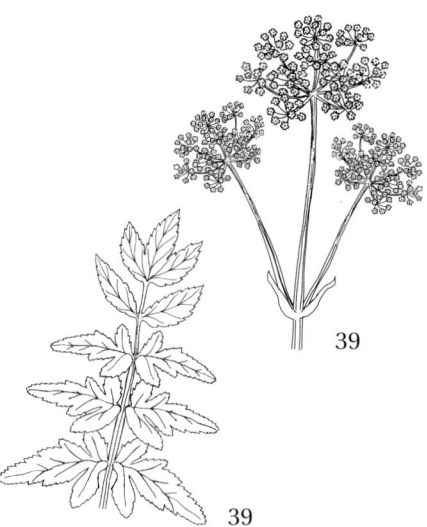

39 · Kronblätter gelb
· Blätter einfach gefiedert, Fiederblättchen breit eiförmig oder fiederteilig

Pastinak
(Familie Doldengewächse)

39

39* · Kronblätter weiß oder rosa
· Blätter doppelt gefiedert 40

39

40 · Fiederblättchen mit sehr schmalen
    Zipfeln (1 bis 3 mm), ganzrandig
  · Blattscheiden schmal, z.T. mit Fie-
    derblättchen am Scheidengrund
  · Stengel gerillt, nicht bereift
  · Früchte (Kümmelkörner) ohne
    Hautränder

Wiesen-Kümmel
(Familie Doldengewächse)

40* · Fiederblättchen breit eiförmig
    (1,5 bis 3 cm breit), gesägt
  · Blattscheiden bauchig aufgetrie-
    ben, stets ohne Fiederblättchen
  · Stengel unten glatt, weißlich be-
    reift (abwischbarer Belag)
  · Früchte mit Hauträndern

Wald-Engelwurz
(Familie Doldengewächse)

41 · Blätter mit Ranken 42

41* · Blätter ohne Ranken 43

42 · Kronblätter gelb
  · Blätter mit 1 Paar Fiederblätt-
    chen, Nebenblätter breit pfeilför-
    mig (breiter als 5 mm)

Wiesen-Platterbse
(Familie Schmetterlingsblütengewächse)

42* · Kronblätter blau, violett, rosa oder
    weiß
  · Blätter mit mehreren Paaren Fie-
    derblättchen, Nebenblätter klein
    (schmaler als 5 mm)

Wicke
(Familie Schmetterlingsblütengewächse)

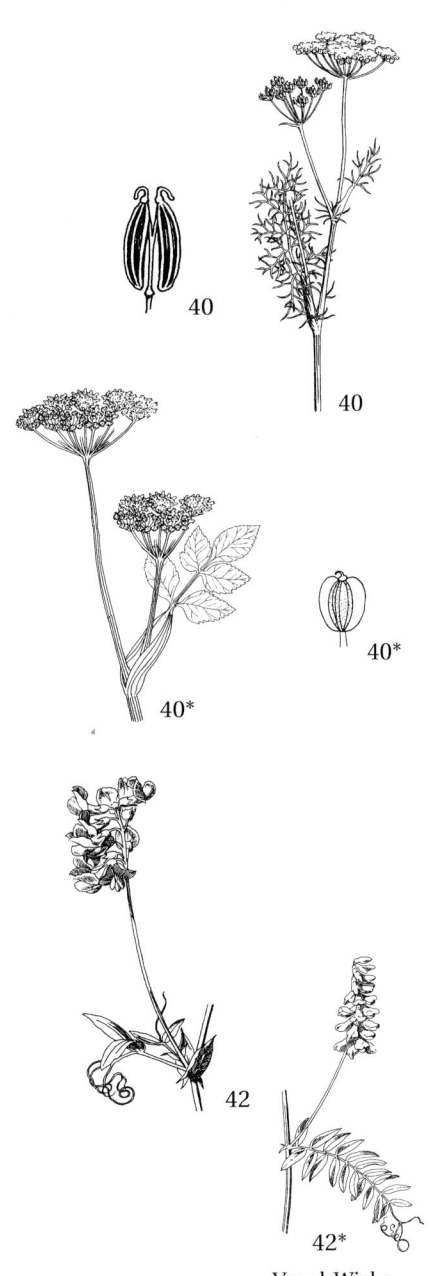

Vogel-Wicke

43 · Blätter gefiedert, Fiederblättchen
unterschiedlich groß
· Blüten nickend

Bach-Nelkenwurz
(Familie Rosengewächse)

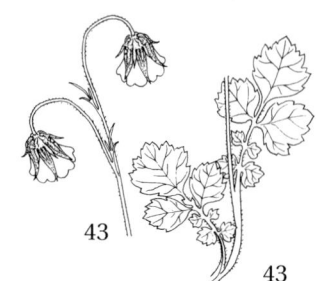

43*· Blätter 3zählig, Teilblättchen
etwa gleich groß
· Blüten nicht nickend 44

43

43

44 · Blätter kleeartig, mit Nebenblättern
· Blüten zweiseitig-symmetrisch,
gelb, außen oft rötlich

Hornklee
(Familie Schmetterlingsblütengewächse)

44

44*· Blätter nicht kleeartig, ohne Nebenblätter
· Blüten 5strahlig, gelb, außen nie
rötlich

Kriechender Hahnenfuß
(Familie Hahnenfußgewächse)

44*

5.4. Pflanzen in Pflasterritzen

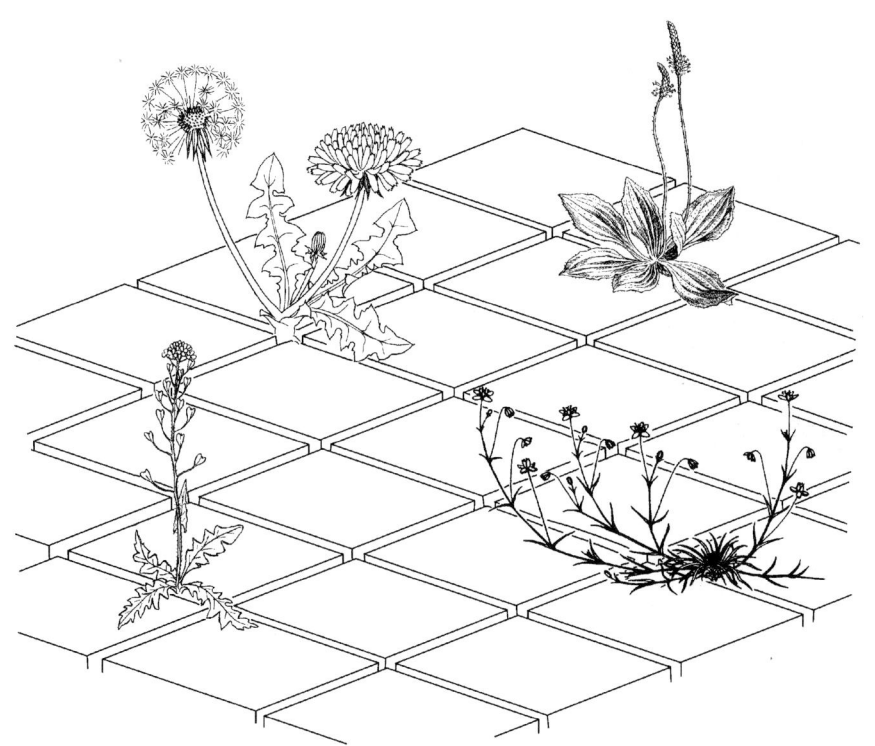

In Städten ist ein hoher Anteil der Bodenoberfläche mit Aspaltdecken und Pflastersteinen belegt und dennoch gelingt es Pflanzen, zwischen den Steinen, in Pflasterritzen zu keimen, zu wachsen und selbst zu blühen und Früchte zu tragen. Solche Pflanzen bilden eine eigene, artenarme Pflanzengesellschaft, eine Tritt- oder Pflasterritzengesellschaft.

In den schmalsten Ritzen wachsen die kleinsten Arten, sobald der Zwischenraum zwischen den Pflastersteinen breiter ist, treten auch Pflanzen mit größeren Blättern auf. Wo das Pflaster stark begangen oder befahren wird, sind die Pflanzen nur wenige Zentimeter groß. Alle Pflasterritzenpflanzen leben unter dem Einfluß oft extrem ungünstiger Umweltfaktoren, der Boden ist fest und trocken, meist nährstoffarm. Zwischen dem Pflaster können sehr hohe Temperaturen bei Sonnenschein auftreten. Die mechanische Belastung ist oft so groß, daß auch Arten, die an anderen Standorten hohe Pflanzen sind, zwischen den Steinen niederliegend oder klein sind.

Einige Pflanzen in Pflasterritzen

1 · Pflanze moosartig, kleine Blättchen auf dünnen Stämmchen, keine Blüten
· Pflanze dem Boden angedrückt, in trockenem Zustand silbrig glänzend

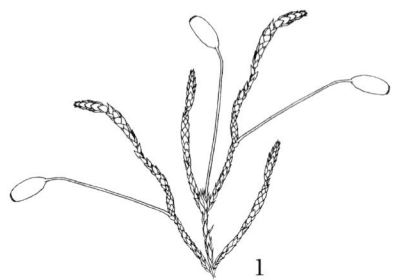

Silber-Birnmoos

1* · Pflanze nicht moosartig, mit Laubblättern
· Pflanze mit niederliegenden oder aufrechten Stengeln 2

2 · Laubblätter schmal grasartig
· Pflanze zuweilen mit rispenartigem Blütenstand mit Grasblüten

Einjähriges Rispengras
(Familie Süßgräser)

2* · Laubblätter nicht grasartig
· Wenn Blüten vorhanden, nicht grasartig 3

3 · Alle Blätter ungeteilt 4

3* · Wenigstens die unteren Blätter in kleine Abschnitte geteilt (fiederspaltig) oder in kleine Blättchen geteilt (dreizählig, kleeblattartig oder gefiedert) 11

4 · Blätter sehr klein, schmaler als 3 mm 5

4* · Blätter deutlich breiter als 3 mm 6

5 · Blätter schmal linealisch, 5 bis 6 mal so lang wie breit, an niederliegenden Stengeln und als grundständige Rosette
· Blüten sehr klein auf fadenförmigen Stielen

Liegendes Mastkraut
(Familie Nelkengewächse)

5* · Blätter eiförmig, in der Mitte am breitesten, etwa 3mal so lang wie breit, an niederliegenden Stengeln, keine Blattrosette
· Blüten sehr klein, zu mehreren in Knäueln in den Blattachseln

Kahles Bruchkraut
(Familie Nelkengewächse)

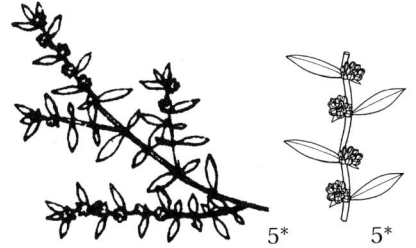

6 · Alle Blätter grundständig 7

6* · Blätter am Stengel verteilt 9

7 · Blätter mit parallelen Adern 8

7* · Blätter mit fingerförmigen Adern

Gemeiner Huflattich
(Abb. S. 78)
(Familie Korbblütengewächse)
Blätter groß, herzförmig-rund mit schwarzen Blattzähnen, Unterseite weißfilzig, Blüten gelb

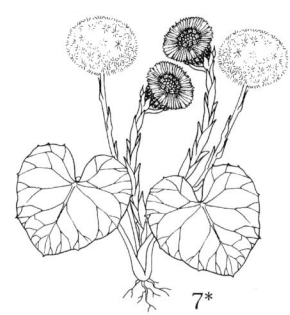

8 · Blätter breit eiförmig

Breit-Wegerich
(Familie Wegerichgewächse)

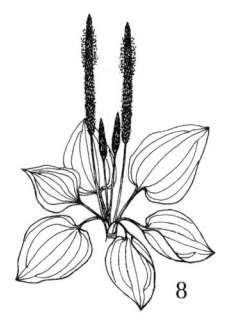

8* · Blätter schmal lanzettlich, zugespitzt

Spitz-Wegerich
(Familie Wegerichgewächse)

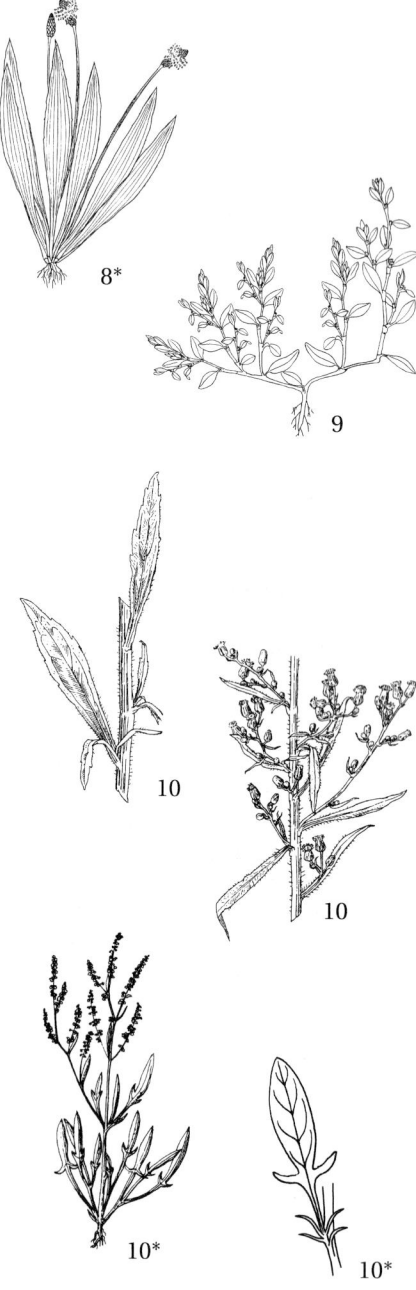

8*

9 · Blätter klein, bis 1 cm lang, eiför-
mig
· Ansatzstelle der Blätter am Sten-
gel knorpelig verdickt
· Pflanze reich verzweigt, am
Boden niederliegend

Vogel-Knöterich
(Familie Knöterichgewächse)

9

9* · Blätter größer als 1 cm
· Ansatzstelle der Blätter am Stengel nicht verdickt
· Pflanze unverzweigt oder ver-
zweigt, aufrecht. 10

10 · Blätter schmal, 2 bis 4 cm lang,
gezähnt
· Blüten weiß bis gelblich, in eiförmigen Blütenkörben

10

Kanadisches Berufskraut
(Familie Korbblütengewächse)

10

10*· Untere Blätter am Grunde mit
2 abstehenden spitzen Seiten-
lappen (spießförmig), obere
Blätter länglich eiförmig
· Blüten rötlich, in traubigen Blütenständen

Kleiner Sauerampfer
(Familie Knöterichgewächse)

10*

10*

11 · Blätter dreizählig, kleeblattartig,
langgestielt

Weiß-Klee
(Familie Schmetterlingsblütengewächse)
Stengel niederliegend, Blüten
weiß in Blütenköpfen

11*· Wenigstens die unteren Blätter
gefiedert oder fiederspaltig 12

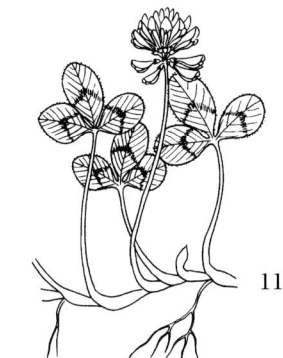
11

12 · Blätter grundständig, gefiedert,
Fiederblättchen gezähnt

Gänse-Fingerkraut
(Familie Rosengewächse)
Blätter beiderseits grau-weiß
behaart, Blüten gelb

12*· Blätter fiederspaltig 13

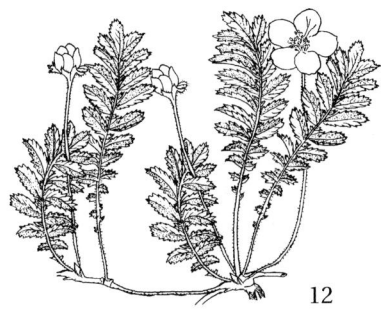
12

13 · Blätter wechselständig, keine
Blattrosette

Strahlenlose Kamille
(Familie Korbblütengewächse)
Blätter 2- bis 3fach fiederspaltig, Fiederspalten schmaler als
1 mm, Blüten gelb, in kegelför-
migen Blütenkörben

13*· Blätter eine grundständige Rosette bildend und z.T. am Stengel
verteilt 14

13

14 Blätter nur in einer grundständi-
    gen Blattrosette

Kuhblume
(Familie Korbblütengewächse)
Blätter fiederspaltig bis grob
gezähnt, Blüten gelb, in Blütenkörben

14*· Blätter in grundständiger Roset-
     te, am Stengel wechselständig. . . . 15

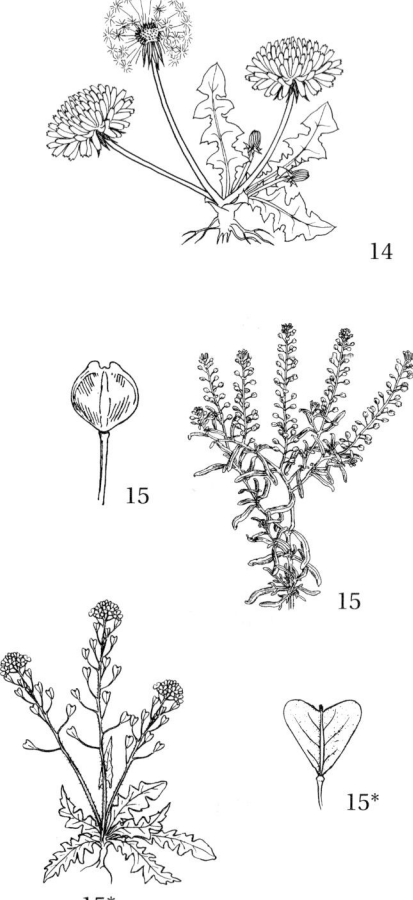

14

15 · Grundständige Blätter schmal
     fiederspaltig, z.T. gefiedert, sten-
     gelständige Blätter linealisch,
     ganzrandig, sitzend, herzförmig,
     stengelumfassend
   · Früchte kugelförmig

Schutt-Kresse
(Familie Kreuzblüten-
gewächse)

15

15

15*· Grundständige Blätter breit fie-
     derspaltig, gebuchtet oder
     schrotsägeförmig gezähnt, sten-
     gelständige Blätter meist unge-
     teilt, sitzend, spießförmig
     stengelumfassend
   · Früchte herzförmig

Hirtentäschelkraut
(Familie Kreuzblüten-
gewächse)

15*

15*

5.5. Pflanzen in der Krautschicht von Laubmischwäldern

Laubmischwälder gehören zu den artenreichen Biozönosen unserer Landschaft. Pflanzen und Tiere leben in ihnen in verschiedenen Schichten. Die Krautschicht zeigt im Laufe des Jahres sehr deutlich ein unterschiedliches Aussehen, das durch die Pflanzengemeinschaften bestimmt ist.

Im Frühling, wenn Bäume und Sträucher noch unbelaubt sind, überzieht den Waldboden die bunte Vielfalt der Frühlingsblüher, die mit den ersten wärmenden Sonnenstrahlen aus ihren unterirdischen Speicherorganen auskeimen und rasch zur Blüte gelangen.

Nach dem Austreiben des Laubes an Bäumen und Sträuchern kann in Abhängigkeit vom Kronenschluß nur noch wenig Licht auf den Boden gelangen. Jetzt entwickeln sich schattenliebende Sommerblüher, die besonders an Stellen mit Lichtflecken im Wald günstige Lebensbedingungen finden und auf den nährstoffreichen, feuchten Waldböden zu üppigen Stauden heranwachsen können.

Sie lassen ihre Früchte zur Reife kommen, wenn sich im Spätsommer und Frühherbst das dichte Laubdach über ihnen wieder langsam lichtet.

Einige Pflanzen aus der Krautschicht von Laubmischwäldern

1 · Blätter mit parallelen Nerven. 2

1* · Blätter mit fiederförmigen oder
  fingerförmigen Nerven oder mit
  nur 1 Nerv. 10

2 · Pflanze mit schmalen, grasarti-
  gen Blättern 3

2* · Pflanze mit breiteren, nicht gras-
  artigen Blättern 6

3 · Blätter am Rande oder an den
  Blattscheiden mit langen Wim-
  perhaaren
  · Stengel ohne Knoten 4

3* · Blätter fast kahl
  · Stengel mit Knoten. 5

4 · Grundblätter 5 bis 10 mm breit,
  Stengelblätter schmaler
  · Ährchenstand wenigblütig, anfangs aufrecht, zur Fruchtzeit zu-
  rückgeschlagen

   Haar-Hainbinse
   (Familie Binsengewächse)

4* · Grundblätter 10 bis 15 mm breit
  · Ährchenstand reichblütig, an
  langen, bogenförmigen Ästen

   Wald-Hainbinse
   (Familie Binsengewächse)

4

4*

5 · Blütenstand wenigblütig, Blü-
tenstandsäste schräg aufwärts
gerichtet

    Einblütiges Perlgras
    (Familie Süßgräser)

5* · Blütenstand (Rispe) reichblütig,
Rispenäste in der Blütezeit fast
waagerecht vom Stengel abstehend, in der Fruchtzeit schräg
aufwärts gebogen

    Wald-Flattergras
    (Familie Süßgräser)

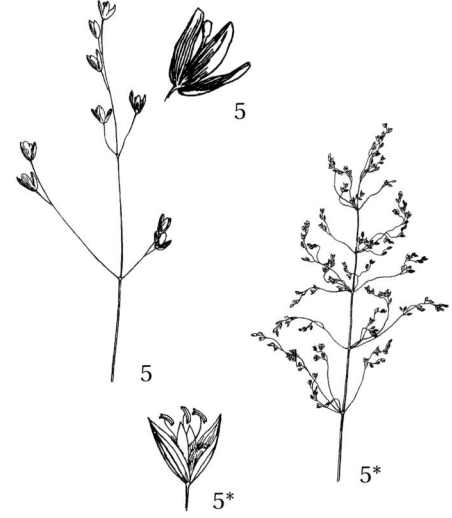

6 · Blüten gelb, in einem doldenförmigen Blütenstand

    Wald-Goldstern
    Grundblätter 6 bis 10 mm
    breit, schwach 5kantig
    (Familie Liliengewächse)

6* · Blüten weiß 7

7 · 4 Kronblätter, 4 Staubblätter

    Zweiblättrige Schattenblume
    (Familie Liliengewächse)
    1 oder 2 herzförmige
    Laubblätter

7* · 6 Kronblätter, 6 Staubblätter 8

8 · Stengel reichbeblättert, bogenförmig geneigt
· Blüten länglich-glockenförmig 9

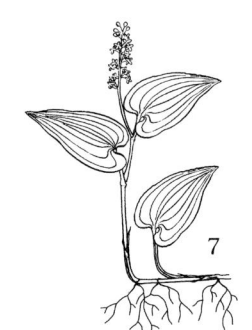

8* · Stengel blattlos, aufrecht
· Blüten rundlich

Maiglöckchen
(Familie Liliengewächse)

9 · Stengel vierkantig
· Blüten zu 1 bis 2, duftend, Blü-
tenzipfel kahl

Duftende Weißwurz oder
Salomonssiegel
(Familie Liliengewächse)

9* · Stengel stielrund
· Blüten zu 3 bis 5, geruchlos, Blü-
tenzipfel behaart

Vielblütige Weißwurz
(Familie Liliengewächse)

10 · Blätter quirlständig, 4 bis 8 Blätter gehen von einem
Punkt aus 11

10*· Blätter grundständig, wechsel-
oder gegenständig 12

11 · Blätter glänzend grün, duftend
· Blüte trichterförmig
· Früchte mit kräftigen Haken be-
setzt

Waldmeister
(Familie Rötegewächse)

11*· Blätter und Stengel blaugrün
· Blüte radförmig
· Früchte kahl

Wald-Labkraut
(Familie Rötegewächse)

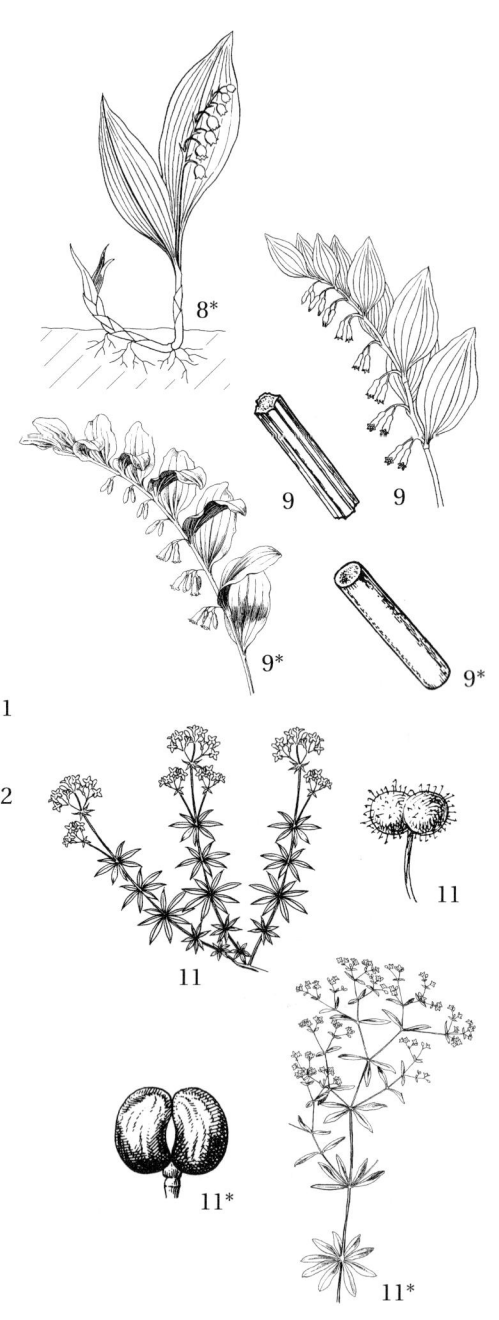

12 · Blüte mit vielen Staubblättern 13

12*· Blüte mit höchstens 10 Staub-
blättern. 17

13 · Blätter dreiteilig, Blattabschnitte
schmal 14

13*· Blätter dreilappig oder rundlich-
herzförmig. 16

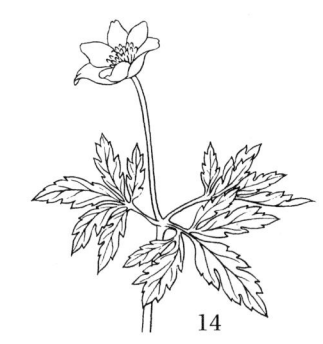

14

14 · Blüten weiß oder schwach violett, kahl

   Busch-Windröschen
   (Abb. S. 77)
   (Familie Hahnenfußgewächse)

14*· Blüten gelb 15

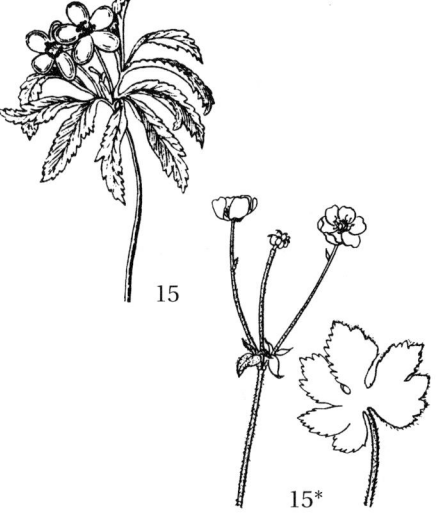

15

15*

15 · Pflanze fast kahl
 · Pflanze 10 bis 20 cm hoch

   Gelbes Windröschen
   (Abb. S. 77)
   (Familie Hahnenfußgewächse)

15*· Ganze Pflanze abstehend rauhhaarig
 · Pflanze 30 bis 70 cm hoch

   Wolliger Hahnenfuß
   (Familie Hahnenfußgewächse)

16 · Blüten hellblau
 · Blätter dreilappig

   Leberblümchen
   (Familie Hahnenfußgewächse)

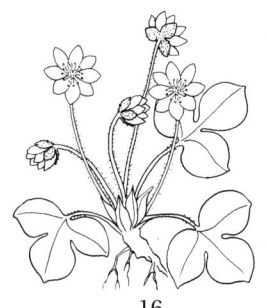

16

16*· Blüten gelb
· Blätter rundlich-herzförmig,
stark glänzend

Scharbockskraut
(Familie Hahnenfußgewächse)

16*

17 · 2 oder 4 Staubblätter
· Blüte aus Ober- und Unterlippe
· Stengel vierkantig 18

17*· Bis zu 10 Staubblätter
· Blüte nicht aus Ober- und Unterlippe
· Stengel nicht deutlich
vierkantig 20

18 · Blüten gelb, Unterlippe mit roten
Flecken

Goldnessel
(Familie Lippenblüten-
gewächse)

18

18*· Blüten rot 19

19 · Blüten hell purpurrot
· Unterlippe ungeteilt mit dunklen
Punkten besetzt, seitlich mit
zwei fadenförmigen Anhängseln

Gefleckte Taubnessel
(Familie Lippenblüten-
gewächse)

19

19

19*· Blüten purpurrot
· Unterlippe 3teilig, ohne fadenförmi-
ge Anhängsel

Wald-Ziest
(Familie Lippenblüten-
gewächse)

19*

140

20 · Blüten grünlich, unscheinbar,
   klein

Bingelkraut
(Familie Wolfsmilchgewächse)
Blüten in vielblütigen Blütenständen, Blätter gegenständig,
eiförmig, lanzettlich

20* · Blüten weiß, rot, blau oder
   gelb 21

20

21 · Blüten rot oder blau 22

21* · Blüten weiß oder gelb 28

22 · Blüten zweiseitig symmetrisch 23

22* · Blüten regelmäßig strahlig 25

23 · Blüten schmetterlingsförmig
   (Schmetterlingsblüten-
   gewächse S. 61)
   · Blätter gefiedert mit 2 bis 4 Blätt-
   chenpaaren, eiförmig

Frühlings-Platterbse
(Familie Schmetterlingsblütengewächse)
Blüten anfangs purpurrot,
später blau bis blaugrün

23

23* · Blüten nicht schmetterlingsförmig, mit einem Sporn
   · Blätter ungeteilt, herzförmig 24

24 · Kronblätter hell blauviolett,
   Sporn weiß bis hellviolett, dick

24

Hain-Veilchen
(Familie Veilchengewächse)

24*· Kronblätter rötlichviolett, Sporn
dunkelviolett, dünn, schlank

Wald-Veilchen
(Familie Veilchengewächse)

24*

25 · Kronblätter am Grunde miteinander verwachsen 26

25*· Kronblätter am Grunde nicht
verwachsen

Ruprechtskraut
(Familie Storchschnabel-
gewächse)

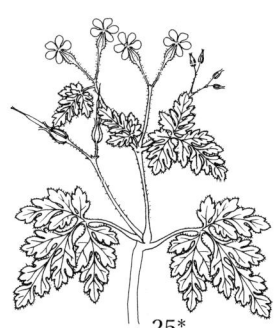

25*

26 · Blüten glockenförmig mit spitzen Kronblattzipfeln 27

26*· Blüten trichterförmig mit abgerundeten Kronblattzipfeln

Echtes Lungenkraut
(Familie Borretschgewächse)
Blüten rot, violett oder blau,

26*

27 · Mittlere und obere Blätter
schmal, mehr als 3 mal so lang
wie breit
· Blüten hellblau, weitglockig

**Pfirsichblättrige Glocken-
blume**
(Familie Glockenblumenge-
wächse)

27

27* · Untere Blätter herzförmig, obere
eiförmig
· Blüten blauviolett, selten weiß,
Kronblattränder mit vielen Haaren

**Nesselblättrige Glocken-
blume**
(Familie Glockenblumenge-
wächse)

27*

28 · Blüten gelblichweiß oder gelb 29

28* · Blüten weiß .31

29 · Blüten gelblichweiß

Wiesen-Wachtelweizen
(Familie Braunwurzgewächse)
Blüten in ährenförmigen Blü-
tenständen, Kelchblätter kahl

29* · Blüten gelb .30

30 · Blüten goldgelb, in ährenförmigen Blütenständen

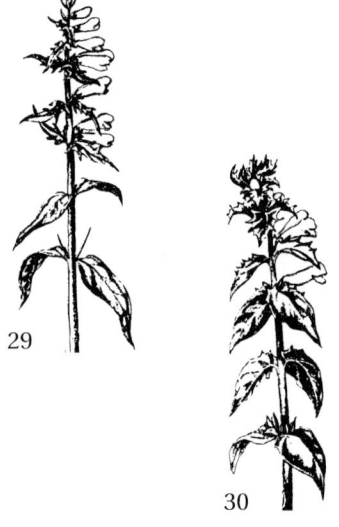

29

Hain-Wachtelweizen
(Familie Braunwurzgewächse)
Blütenstand an der Spitze mit
blauvioletten Deckblättern,
Kelchblätter zottig behaart

30

30* · Blüten gelb, in doldenförmigen
Blütenständen

Wald-Schlüsselblume
(Familie Primelgewächse) **Geschützt!**
Blätter ungeteilt, allmählich in
den Stiel verschmälert, runzlig,
in grundständiger Rosette

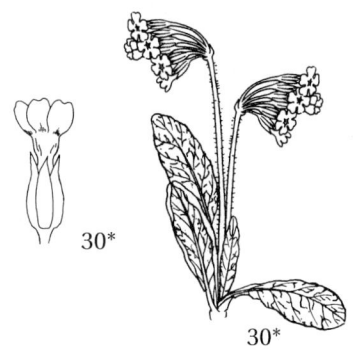

30*

31 · Blätter gegenständig 32

30*

143

31*· Blätter grundständig, wechselständig oder fast quirlig, aber
nicht deutlich quirlständig....... 33

32 · Untere Blätter gestielt, eiförmig
bis herzförmig

Hain-Sternmiere oder
Wald-Sternmiere
(Familie Nelkengewächse)

32*· Alle Blätter ungestielt, schmal-
lanzettlich

Echte Sternmiere
(Familie Nelkengewächse)

33 · Blüten in doldenförmigen Blütenständen

Zaun-Giersch
(Familie Doldenblütenge-
wächse)
Blätter oben einfach, unten doppelt 3zählig

33*· Blüten einzeln oder zu 2 34

34 · Blätter wechselständig, am Ende
des Stengels einen fast quirligen
Blattschopf bildend
· Blüten mit 7 Kronblättern, langgestielt, Kronblätter spitz

Europ. Siebenstern (Abb. S. 80)
(Familie Primelgewächse)

34*· Blätter grundständig, langgestielt, 3zählig
· Blüten mit 5 abgerundeten Kronblättern, weiß oder rötlich weiß

Wald-Sauerklee (Abb. S. 79)
(Familie Sauerkleegewächse)

Inhaltsverzeichnis

Formen der Blütenstände

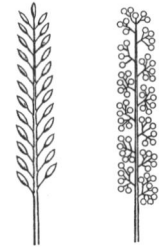

Rispe
(Blütenstandsachse mit mehrmals verzweigten blütentragenden Nebenachsen)

Ährenrispe
(Blütenstandsachse mit kurzen oder mehrmals verzweigten blütentragenden Nebenachsen)

Ähre
(Blütenstandsachse mit ungestielten Ährchen)

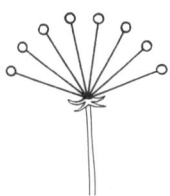

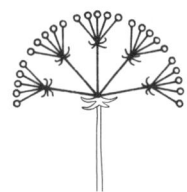

Dolde
(verkürzte Blütenstandsachse, am Ende unverzweigte, blütentragende Nebenachse)

Doppeldolde
(verkürzte Blütenstandsachse, am Ende Nebenachsen mit „Döldchen")

Traube
(Blütenstandsachse mit unverzweigten blütentragenden Nebenachsen)

Doppeltraube
(Blütenstandsachse mit einfach verzweigten blütentragenden Nebenachsen)

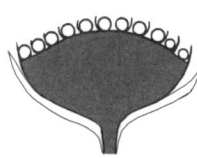

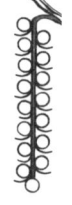

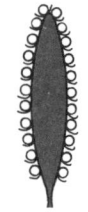

Körbchen
(Blütenstandsachse scheibenförmig verbreitert, darauf sitzen Einzelblüten, von Hüllblättern umgeben)

Köpfchen
(Blütenstandsachse gestaucht, darauf sitzen kurz- oder ungestielte Einzelblüten)

Kätzchen
(Blütenstandsachse oft hängend, mit Blüten)

Kolben
(Blütenstandsachse verdickt, mit ungestielten Blüten)